95

90

N

ECO HOMES IN UNUSUAL PLACES. Living in Nature
© 2020 Instituto Monsa de ediciones.

First edition in 2018 by Monsa Publications, Gravina 43
(08930) Sant Adrià de Besós. Barcelona (Spain) T +34
93 381 00 50 www.monsa.com monsa@monsa.com

Edition, concept and project director Anna Minguet. Art
director Eva Minguet. Layout Patricia Martínez. (Monsa
Publications) Printed by Cachimán Gráfic. Translation by
SOMOS Traductores.

ISBN: 978-84-16500-89-5
D.L. B 12562-2018

Order from:
www.monsashop.com

Follow us!
Instagram: @monsapublications
Facebook: @monsashop

ECO HOMES
IN UNUSUAL PLACES

Living in Nature

monsa

INDEX

INTRODUCTION

Houses on the side of a mountain, on rocky terrain, on cliffs by the sea, etc.; a perfect blend of contextual architecture and interior design that channels our shared desire for peace and tranquility, which not only brings people into contact with their environment, but also with themselves.

These imaginative structures combine traditional architecture with modern life in a fascinating and surprising way.

Whether because of their impossible location in many cases, or the irregularity of the terrain, the slope of the plots and their geological characteristics, innovative solutions are required in the planning of the structures and the building of the foundations.

Sometimes they are places with an extreme cold or hot climate. In addition, the awkward location can also cause extra difficulty for the delivery of construction materials. The projects presented have been implemented with exceptional creativity to solve these problems.

Casas en la ladera de una montaña, en terrenos rocosos, en acantilados junto al mar... una mezcla perfecta entre la arquitectura contextual e interiorismo que canaliza nuestro deseo compartido de paz y tranquilidad, que no sólo consigue poner a las personas en contacto con su entorno, sino también consigo mismas.

Estas estructuras imaginativas combinan la arquitectura tradicional con la vida moderna de manera fascinante y sorprendente.

Ya sea por su ubicación imposible en muchos casos, como por la irregularidad del terreno, el desnivel de las parcelas y sus características geológicas obliga a soluciones innovadoras en la planificación de las estructuras y en la construcción de los cimientos.

En ocasiones son lugares de clima extremo frío o caluroso. Además la complicada ubicación también puede suponer una dificultad extra para la llegada de los materiales de construcción. Los proyectos presentados se han resuelto con una creatividad excepcional para solucionar estos inconvenientes.

CLOAKED HOUSE

Ernesto Pereira, Daniela Leitão, Tiago Martins
140 m² | 1506.94 sq ft
Marco de Canaveses, Portugal

Photos © João Morgado

This project was clearly inspired by the place, a piece of land surrounded by chestnut trees, incredibly ripped into the mountain, flanked by a stream that flows down the hillside and a magnificent open view of the other side of the valley perfectly nestled into the natural landscape.

It was this bucolic scenario that led to an enterprise that had no intention of imposing itself on the surrounding nature, but rather blending, hiding and transforming with it. It gave rise to the "Cloaked House" concept.

This is how the house lands on the location and the "deviates" from the existing trees, emphasizing the lightness attitude and the conservation of the surrounding nature. The two blades – the roof and the floor – open onto the landscape and are punctuated whenever encountering a tree. This has resulted in patios that introduce dynamism and movement into a house marked by a well-defined rhythm of the wooden pillars, which support the garden-topped roof. The rest is transparency, glass, which is the only solution that makes sense in this scenario.

Este proyecto se vio claramente inspirado por el lugar, un terreno rodeado de castaños, increíblemente incrustado en la montaña, flanqueado por un arroyo que fluye por la ladera y una magnífica vista abierta del otro lado del valle perfectamente enclavado en el paisaje natural. Este fue el escenario bucólico que atrapó a una empresa que no tenía la intención de imponerse a la naturaleza circundante, sino más bien mezclarse, ocultarse y transformarse con ella. Dio lugar al concepto "Cloaked House" (casa oculta).

Así es como la casa aterriza en la ubicación y se "desvía" de los árboles existentes, enfatizando la actitud de ligereza y la conservación de la naturaleza circundante. Las dos partes (el techo y el suelo) se abren al paisaje y se interrumpen cada vez que se topan con un árbol. Esto ha dado como resultado patios que introducen dinamismo y movimiento en una casa marcada por un ritmo bien definido de los pilares de madera, los cuales sostienen el techo cubierto por un jardín. El resto es transparencia, cristal, lo cual es la única solución que tiene sentido en este escenario.

Section

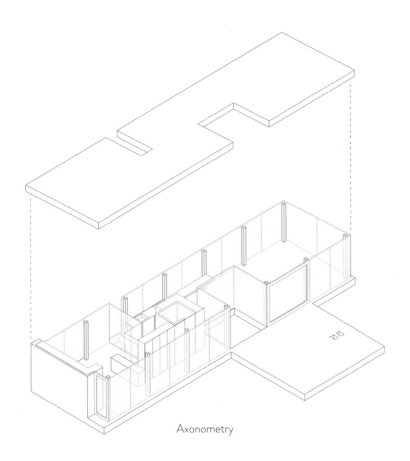

Axonometry

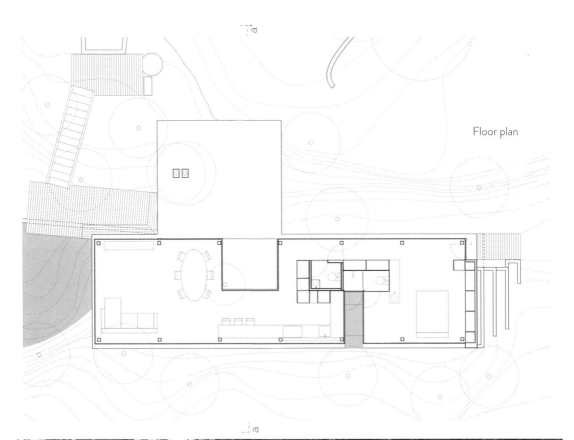

Floor plan

In summer the dense leafiness of the trees "engulfs" the whole house, making it almost imperceptible at the same time as protecting the interior from the intense sun. In winter the deciduous trees shed their leaves, allowing the sun rays to penetrate inside and warm up the house, making it slightly more visible among the bare branches.

Whether indoors or outdoors, living in the forest or with the forest, exposed or in communion, a distinct project, which is difficult to explain but which fuels the will to live.

En verano, la densa vegetación de los árboles "engulle" a toda la casa, haciéndola casi imperceptible, al mismo tiempo que protege el interior del intenso sol. En invierno, los árboles de hoja caduca se despojan de sus hojas, permitiendo que los rayos del sol penetren en el interior y calienten la casa, haciéndola un poco más visible entre las desnudas ramas.

Ya sea en el interior o al aire libre, viviendo en el bosque o con el bosque, expuesto o en comunión, se trata de un proyecto distinto, difícil de explicar pero que alimenta las ganas de vivir.

DUNCANSBY ROAD

David Maurice - LTD Architectural Design Studio
150 m² | 1614.5 sq ft
Whangaparaoa peninsula, New Zealand

Photos © Phillip Wong

To design a small, simple but elegant family coastal home using clean modern lines. To use vertical cedar to form the building envelope and to incorporate robust materials that will weather naturally with time. This very steep site provided a challenge in terms of creating a suitable living platform. There was a desire to minimise piling due to difficult ground conditions and to ensure that the highly visible subfloor structure would be elegant. The solution was a series of steel portals and cable cross bracing to form a rigid frame which was then infilled with structural timber framing. The view is strongly framed between the projecting deck and it's canopy. The building sits lightly on the sloping site, suspended above the contour allowing sun and rain to reach beneath the building platform. In time vegetation will grow below and around the structure, re-stabilising the site and allowing good permeability. The living platform will be suspended over lush, green coastal vegetation with expansive views to the Gulf.

Se diseña una casa costera familiar pequeña, simple a la par que elegante con líneas modernas y limpias. Se utiliza cedro vertical para formar la envoltura del edificio e incorporar materiales robustos que envejecerán de manera natural con el paso del tiempo.
Este lugar tan empinado supuso un desafío en cuanto a la creación de una plataforma adecuada para vivir. Existía un deseo de minimizar el apilamiento debido a las difíciles condiciones del terreno y también de asegurar que la estructura del contrapiso, que era tan visible, fuese elegante. La solución fue una serie de portales de acero y cables transversales para formar un marco rígido que luego se rellenó con un entramado de madera estructural. La vista está enmarcada entre la cubierta saliente y su dosel. El edificio se ubica ligeramente en el lugar inclinado, suspendido sobre el contorno, permitiendo que el sol y la lluvia se filtren por debajo de la plataforma del edificio. Con el tiempo, la vegetación crecerá por debajo y alrededor de la estructura, reestabilizando el lugar y permitiendo una buena permeabilidad. La plataforma habitable se suspenderá sobre la exuberante vegetación costera y verde con extensas vistas hacia el Golfo.

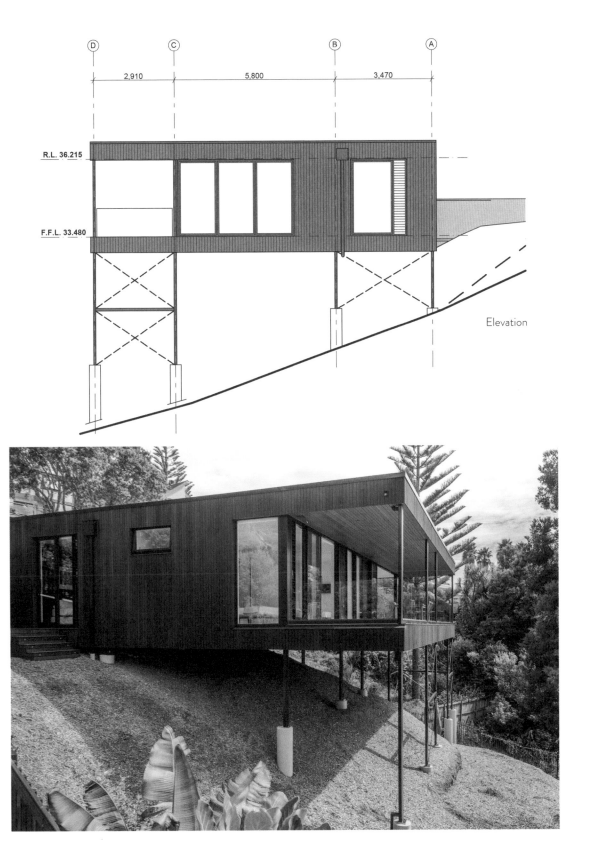

Elevation

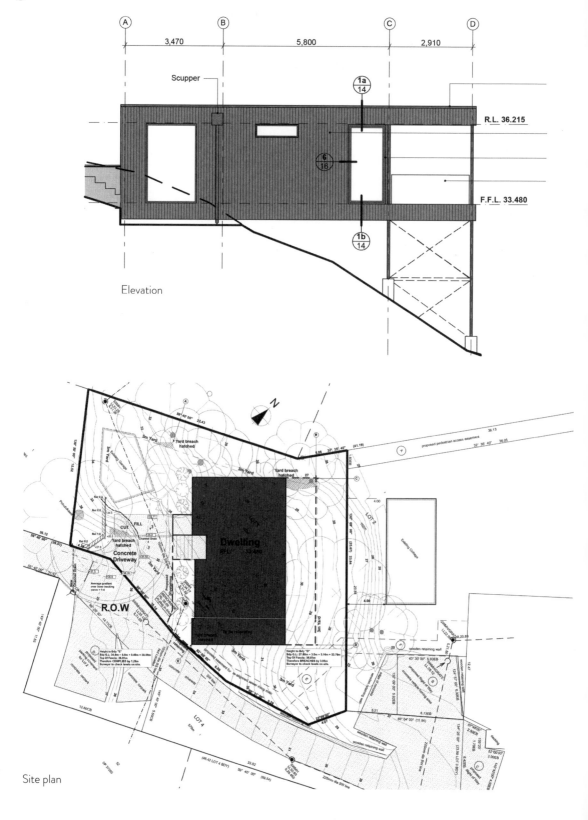

Elevation

Site plan

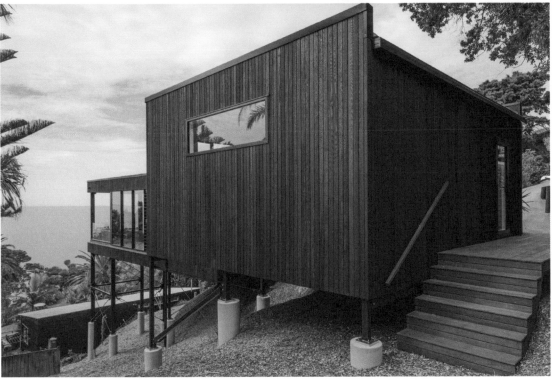

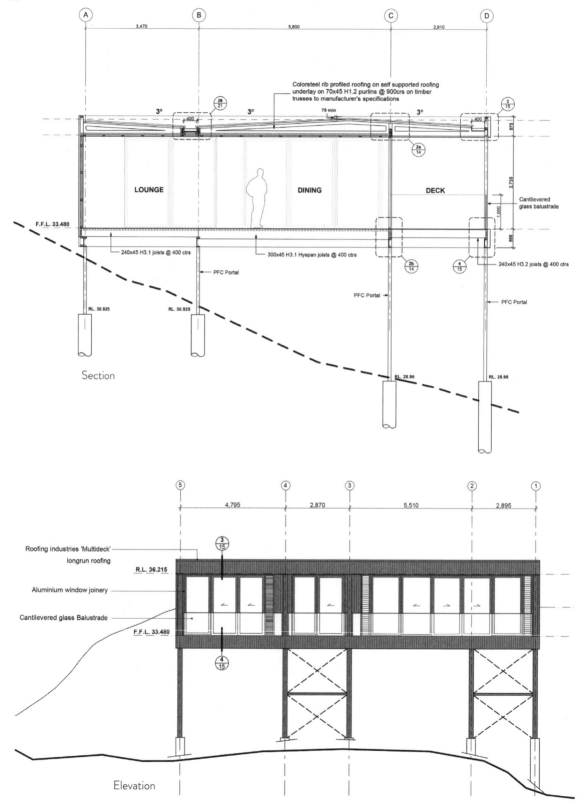

A   3,470   B   5,800   C   2,910   D

Colorsteel rib profiled roofing on self supported roofing underlay on 70x45 H1.2 purlins @ 900crs on timber trusses to manufacturer's specifications

3°   26/21   3°   75 min   3°   3/15

400   400   575

2a/14

LOUNGE   DINING   DECK   2,735

Cantilevered glass balustrade

1,000

F.F.L. 33.480

555

240x45 H3.1 joists @ 400 ctrs   300x45 H3.1 Hyspan joists @ 400 ctrs

2b/14   4/15   240x45 H3.2 joists @ 400 ctrs

PFC Portal

PFC Portal →

PFC Portal

RL. 30.925   RL. 30.925   RL. 28.98   RL. 28.98

Section

5   4,795   4   2,870   3   5,510   2   2,895   1

Roofing industries 'Multideck' longrun roofing

3/15

R.L. 36.215

Aluminium window joinery

Cantilevered glass Balustrade

F.F.L. 33.480

4/15

Elevation

1. Entry
2. Lounge
3. Dining
4. Kitchen
6. Laundry
7. Study/Future Bedroom

8. Bedroom
9. Bathroom
10. Master Bedroom
11. Deck
12. Driveway

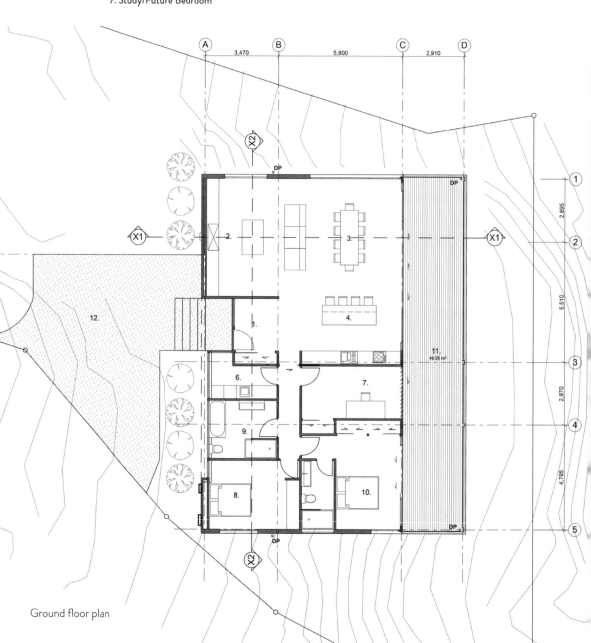

Ground floor plan

BRIDGE HOUSE

Max Pritchard Gunner Architects
Principal architect: Max Pritchard - Project architect: Andrew Gunner
220 m² | 2368 sq ft
Adelaide, South Australia

Photos © Sam Noonan

The clients required a permanent home/office on their small property. A bend in the winter creek that divides the property, creates a billabong (a deep waterhole) bounded by a high rocky bank. A house was required that would allow appreciation of the site without spoiling its beauty.

A narrow house form, spans over the creek. Glazing each side opens the house to views in both directions, giving the feeling of living amongst the trees.

Two steel trusses forming the primary structure, were fabricated off site and erected by two men and a crane in two days. They were anchored by four small concrete piers, poured each side of the creek. Spanning between the trusses is a concrete floor slab on steel decking with a layer of rigid insulation.

Los clientes requerían un hogar/oficina permanente en su pequeña propiedad. Un recodo en el arroyo invernal que divide la propiedad, crea una charca (un estanque de agua profunda) delimitado por un gran banco rocoso. Lo que se pedía era una casa que permitiera apreciar el lugar sin estropear su belleza.

Esta casa estrecha se extiende por encima del arroyo. El acristalamiento a ambos lados de la casa abre las vistas hacia ambas direcciones, dando la sensación de que se vive entre árboles.

Las dos cerchas de acero que forman la estructura primaria se fabricaron fuera del lugar y fueron instaladas por dos hombres y una grúa en dos días. Fueron ancladas con cuatro pequeños muelles de hormigón a cada lado del arroyo. Entre las cerchas se extiende un suelo de hormigón sobre una plataforma de acero con una capa de aislamiento rígido.

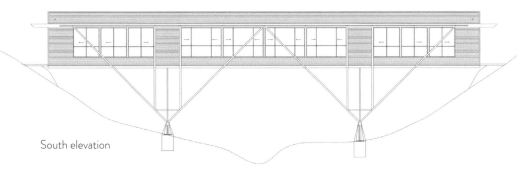

South elevation

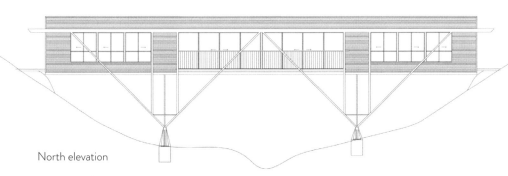

North elevation

The long sides of the house face north and south. The low winter sun from the north heats the black insulated concrete floor, storing heat for reradiating at night. Insulation to the underside of the slab, wall and roof combined with double glazed curtained windows aid the retention of heat. A small wood combustion heater provides additional heat when required, fuelled from timber grown sustainably on the site.

Los largos laterales de la casa miran al norte y al sur. El bajo sol de invierno del norte calienta el suelo negro de hormigón aislado, almacenando calor para volver a irradiar durante la noche. El aislamiento en la parte inferior de las losas, la pared y el techo combinados con ventanas de doble acristalamiento ayuda a mantener el calor. Un pequeño calentador de combustión de madera proporciona calor adicional cuando es necesario, alimentado con madera cultivada de manera sostenible del lugar.

West elevation

East elevation

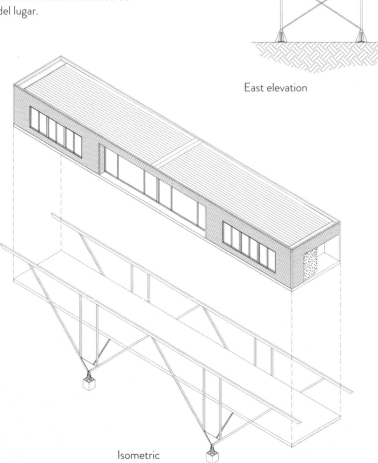

Isometric

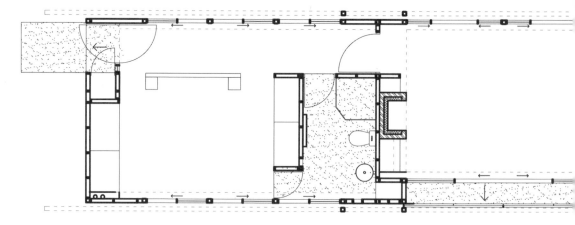

Floor plan

Pressed steel screens shade the north facing windows in summer. A combination of ceiling fans and openable windows allow for efficient and effective cooling from cross ventilation.

Las pantallas de acero prensado dan sombra a las ventanas orientadas al norte en verano. La combinación de ventiladores de techo y ventanas permite una refrigeración eficiente y efectiva gracias a la ventilación cruzada.

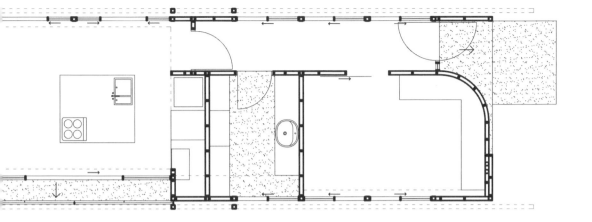

Roof water is collected for use within the house and photovoltaic cells, located on an adjacent shed provide power.

El agua del tejado se recoge para usarse dentro de la casa, y las células fotovoltaicas, ubicadas en un cobertizo adyacente, proporcionan energía.

HOUSE CALDERA

Dust
49 m² | 528 sq ft
San Rafael Valley, Arizona, United States

Photos © Cade Hayes

In the middle of a forest of Emory oaks, the house is a rectangular space constructed in *lavacrete*, a material made from a mix of volcanic rock, cement and water set in a framework. These walls create the structure, the finish and provide insulation.

The layout includes two bedrooms opposite a living area. This is separated from the bedrooms by a hallway with double-leaf doors on both sides, connecting the space to the outside and filling the area with natural light when the doors are opened.

Cooling is achieved through cross ventilation from the hallway and by opening the windows. Heating is provided by a wood-burning stove and fireplace and water is from a well.

En medio de un bosque de robles *Emory* emerge esta casa, un volumen rectangular construido con *lavacrete*, un material compuesto por una mezcla de piedra de origen volcánico, cemento y agua metida en un encofrado. Estas paredes crean la estructura, el acabado, y ofrecen aislamiento.

La estructura del plano la componen dos dormitorios, opuestos a una zona de estar, y separados por un zaguán con puertas de doble hoja a ambos lados que, cuando están abiertas, conectan el espacio al exterior llenándolo de luz natural.

La refrigeración se consigue por medio de la ventilación cruzada a través del zaguán y las aberturas de las ventanas. La fuente de calor se consigue a través de una estufa de madera y una chimenea, y el agua proviene de un pozo.

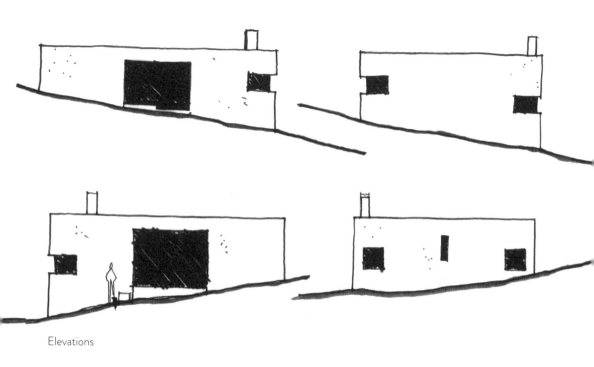

Elevations

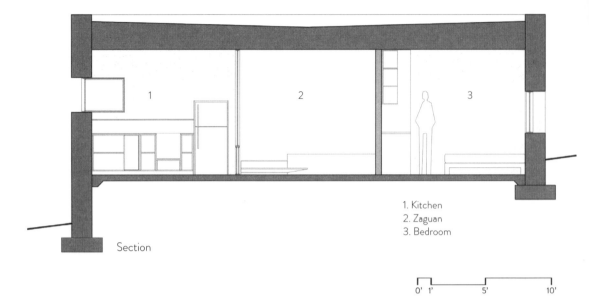

Section

1. Kitchen
2. Zaguan
3. Bedroom

0' 1'   5'   10'

Thanks to the use of *lavacrete* in the construction, the house blends harmoniously into its surroundings, as if it were part of the environment, among the oak trees and the rocks.

Gracias al empleo de *lavacrete* para su construcción, la casa se funde armoniosamente con el entorno, pareciendo como si perteneciese a este, en medio de los robles y las rocas.

The doors can be configured in different ways to take advantage of solar gains and make use of air currents. When the temperature is good, the hallway is a protected space, ideal for use as a living area, dining area and place to relax.

Las puertas pueden configurarse de diversos modos para controlar la ganancia solar y el empleo de las corrientes de aire. Cuando la temperatura es buena, el zaguán es un espacio protegido ideal como zona de estar, comedor y descanso.

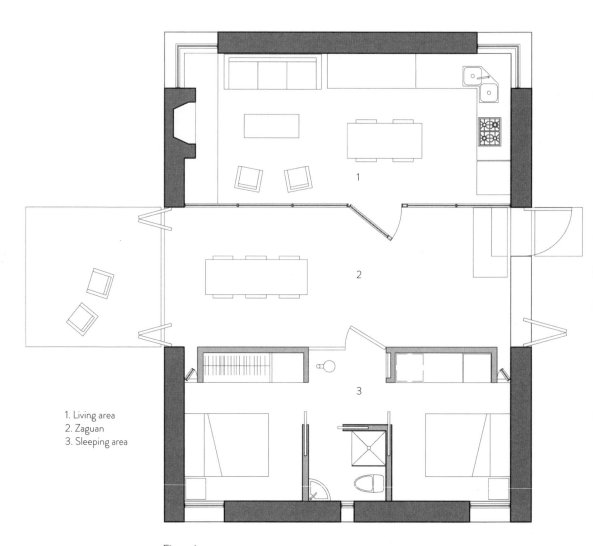

1. Living area
2. Zaguan
3. Sleeping area

Floor plan

0' 1'   5'   10'

CONTAINER HOUSE

Collections Dubreil
118 m² | 1,270 sq ft
Montreal, Quebec, Canada

Photos © Olivier Séguin Leduc

The concept for this house is based on recycled shipping containers. The main idea was to recycle something which is normally thrown away and use it to build an original and innovative house. The original walls of the metal shipping container are retained to create an industrial feel and make the most of the interior space.

The existence of unusual elements such as a main bedroom open to the bathroom area, with an outdoor shower and a window to the courtyard, a recycled spiral staircase, and the dividing walls made from recycled wood from barns, give this house a particular charm.

El concepto de esa vivienda tiene como base los contenedores marítimos recuperados. La idea principal fue reciclar un elemento que normalmente no servía para nada y construir una casa original e innovadora. Las paredes de metal originales del contenedor se conservaron para crear un ambiente industrial y aprovechar al máximo el espacio interior.

La existencia de elementos fuera de lo común, tales como una habitación principal abierta a la zona de la bañera, con una ducha exterior y con una ventana de patio, una escalera en espiral recuperada, así como las divisiones de madera de granero reciclada, dotan a esta casa de un encanto especial.

8. Bedroom
9. Bathroom
10. Master bedroom
11. Walk-in closet
12. Roof terrace

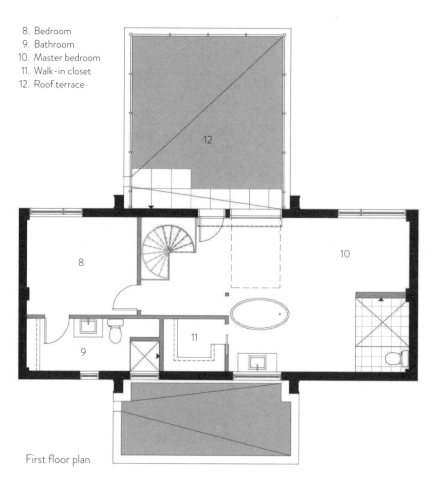

First floor plan

On opening the door to the courtyard, the fusion between inside and outside is complete. All boundaries are eliminated and it is possible to enjoy a revitalising shower outdoors in the sun or under the stars.

Al abrirse la puerta al patio, la fusión entre el exterior y el interior es absoluta, se eliminan los límites hasta el punto de poder disfrutar de una revitalizante ducha bajo la luz del sol o de las estrellas.

The recycled wood used in the dividing walls provides a touch of quality to a clearly industrial aesthetic, characterised by the use of materials such as cement and steel and a neutral colour palette.

La madera recuperada de las divisiones aporta calidez a una estética claramente industrial, caracterizada por el empleo de materiales tales como el cemento y el acero, y de una paleta cromática neutra.

1. Entrance hall
2. Living room
3. Bathroom
4. Pantry
5. Kitchen
6. Dining room
7. Carport

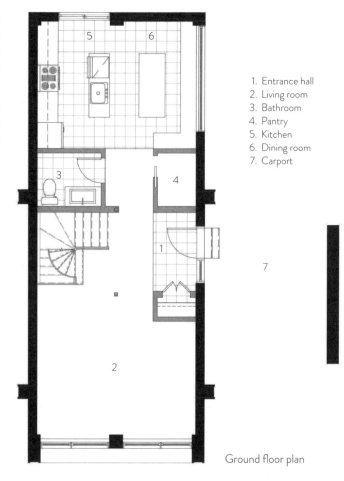

Ground floor plan

SMALL HOUSE IN AN OLIVE GROVE

Studio Joseph
79 m² | 850 sq ft
Geyserville, California, United States

Photos © Elliot Kaufman

The exterior of this one-bedroom house, perched on a steep slope in Sonoma, has bold, dynamic façades. The interior, with areas open to the exterior on three different levels, allows for interesting interpretations of the space, where grand gestures are balanced with intimate moments. Large glass screens with open corners provide views over the vineyards. The project uses a reduced range of materials and natural colours, expressed literally and figuratively in a twenty centimetres thick concrete wall. The fitted furniture and carpentry continue the same soft tones. Occasional touches of colour interact with the earthy tones and surrounding olive groves.

El exterior de esta casa de un dormitorio, situada en una empinada ladera de Sonoma, presenta fachadas de audaces y dinámicas formas. El interior, con estancias abiertas al exterior en tres niveles diferentes, permite interesantes interpretaciones del espacio, en el que gestos grandilocuentes se equilibran con momentos íntimos. Grandes paneles de vidrio con esquinas abiertas permiten las vistas sobre los viñedos. El proyecto utiliza una reducida paleta de materiales y colores naturales, plasmada literal y figurativamente en un muro de hormigón de veinte centímetros de espesor. El mobiliario empotrado y la carpintería mantienen los tonos suaves del conjunto. Notas puntuales de color dialogan con las tonalidades tierra y los olivares del entorno.

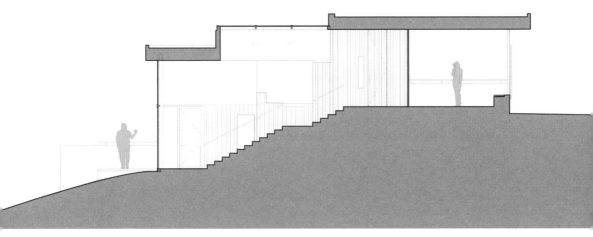

Section

The volumes which make up the house fan out towards the north, giving the bedroom, living room and lower terrace extensive views over the vineyards.

Los volúmenes que conforman la vivienda se despliegan en abanico hacia el norte, permitiendo al dormitorio, a la sala de estar y a la terraza inferior disfrutar de amplias vistas sobre los viñedos.

The large double-height window in the living room brings the landscape right into the house. The bright colours of the natural surroundings contrast with the sober materials and colours used in the interior design.

El gran ventanal a doble altura de la sala de estar introduce el paisaje dentro de la vivienda. Los vivos colores del entorno natural contrastan con los sobrios materiales y colores utilizados en el diseño del interior.

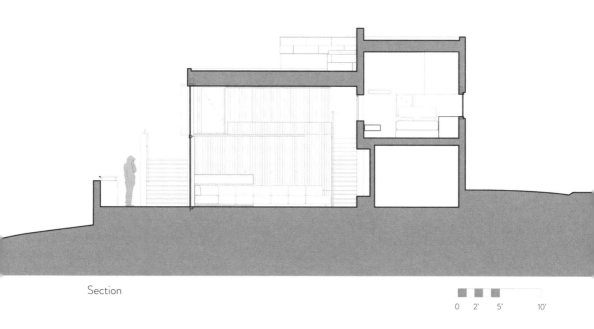

Section

0   2'   5'   10'

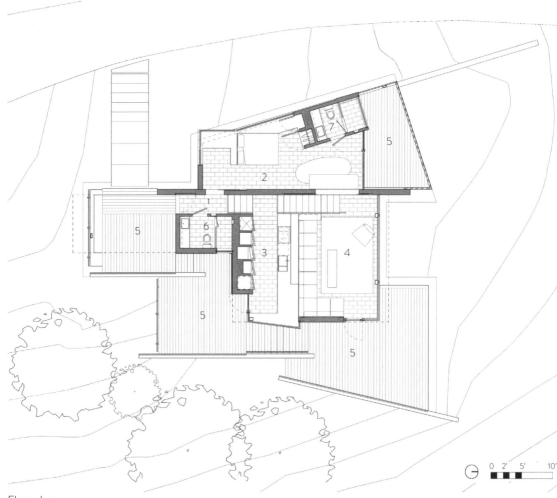

Floor plan

1. Entrance
2. Bedroom
3. Kitchen
4. Living room
5. Terrace
6. Toilet
7. Bathroom

THOREAU'S CABIN

CC-Studio
42 m² | 452 sq ft
Utrecht, The Netherlands

Photos © John Lewis Marshall

In a natural park in the Netherlands, hidden in the forest and covered by dense vegetation, sits this cabin, hidden until you stumble upon it at the last moment. The façade and roof are clad in aluminium which has been painted green. Two large sliding doors mean one of the corners can be fully opened, blending the interior with the open outside space surrounding it: a green meadow with grazing sheep. With no electricity or water, local wood is used as fuel for the kitchen and fireplace, while water is brought from a nearby well.
The architecture of the cabin fuses house and environment completely, complementing the pastoral elegance of the natural park.

Situada en un parque natural en los Países Bajos, escondida en el bosque y cubierta de una exuberante vegetación, se descubre esta cabaña cuya presencia no se revela hasta el último momento. La fachada y el tejado están revestidos de aluminio pintado de verde. Dos grandes puertas correderas abren por completo una de sus esquinas fundiéndose el interior con el espacio abierto exterior que la rodea: una verde pradera donde pastan las ovejas. Sin electricidad ni agua, la madera local es utilizada como combustible para la cocina y la chimenea, mientras que el agua se extrae de un pozo cercano.
La arquitectura de esta cabaña consigue una fusión plena entre vivienda y entorno complementando la elegancia pastoral del parque.

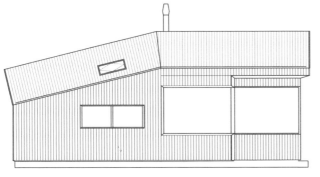

North elevation

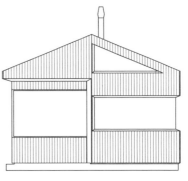

West elevation

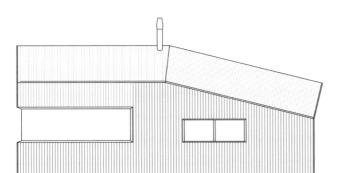

South elevation

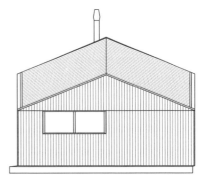

East elevation

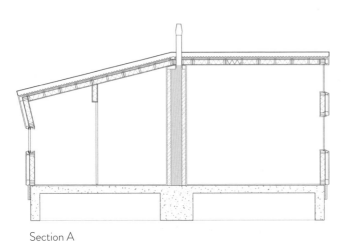

Section A

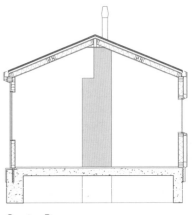

Section B

The sculptural wood burning stove in the centre of the living room is not only a heat source; it also supports the aluminium-lined roof, which with its coat of green paint, matches the surrounding outdoors.

La escultural estufa de leña situada en el centro de la zona de estar, además de ser la fuente de calor, soporta la estructura revestida de aluminio del tejado que, pintada de verde, se mimetiza con la flora que la rodea.

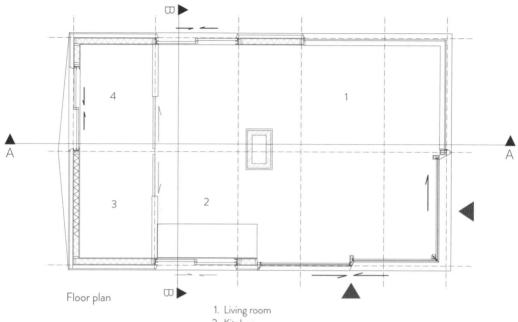

Floor plan

1. Living room
2. Kitchen
3. Laundry room
4. Bedroom

The inside of the cabin is fully lined with wood. The living room occupies the widest part of the cabin and the rest is divided into a bedroom, utility and storage room and the kitchen.

El interior de la cabaña está revestido por completo de madera. El espacio más amplio lo ocupa la zona de estar, mientras que el resto está dividido en un dormitorio, una zona de lavadero y almacenaje, y la cocina.

CASA AA

Filipe Vilas-Boas
Plot area: 3080 m² | 33152.84 sq ft
House area: 700 m² | 7534.73 sq ft
Guimarães, Portugal

Photos © João Morgado

The stark cluster of blocks that forms Casa AA sits atop a hill overlooking the northern Portuguese town of Guimarães and the surrounding Douro mountain range. Built for a family of four and designed by local architect Filipe Vilas-Boas, the house's clean, white-washed walls make for a striking contrast with its rocky setting.

The project is located in the client's family estate, which stretches over 120 hectares on a hill famous for its terraced vineyards, known locally as Monte Cavalinho. The site is carefully sculpted into the slope and sits a few metres away from exposed granite rocks, a detail that captures the southern sun, while at the same time lending remarkable views to the landscape. On the opposite side of the residence, a swimming pool and timber terrace mediate between the house and a steep cliff. Following the hill's natural topography, the building is defined by its distinct cubic elements, organised according to a clear internal program.

El grupo de bloques que forma la Casa AA se encuentra en la cima de una colina que domina la ciudad de Guimarães, en el norte de Portugal, y la cordillera circundante del Duero. Construida para una familia de cuatro miembros y diseñada por el arquitecto local Filipe Vilas-Boas, las paredes limpias y blancas de la casa crean un sorprendente contraste con su contexto rocoso.

El proyecto se ubica en la finca familiar del cliente, la cual se extiende a lo largo de más de 120 hectáreas en una colina famosa por sus viñedos en terrazas, conocida localmente como Monte Cavalinho. El lugar está cuidadosamente esculpido en la ladera y se encuentra a pocos metros de las rocas de granito, un detalle que captura el sol del sur mientras que, al mismo tiempo, ofrece vistas extraordinarias al paisaje. En el lado opuesto de la residencia median una piscina y una terraza de madera entre la casa y un acantilado. Siguiendo la topografía natural de la colina, el edificio se define por sus distintos elementos cúbicos, organizados de acuerdo con un claro programa interno.

Section C-C

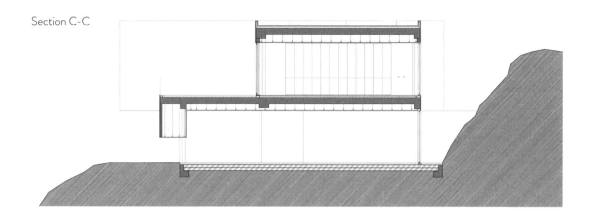

Section D-D

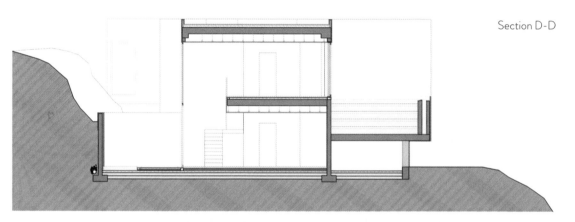

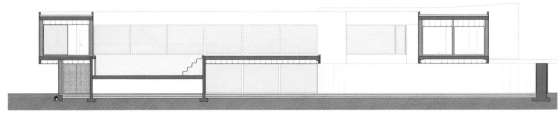

Section E-E

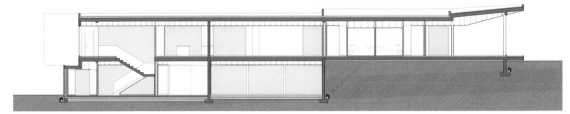

Section A-A

Arranged around the site's multiple views, the house spans two levels, connected by a double height space. The lower floor - containing the garage, service, utility and machinery rooms - is the entrance level. The top floor comprises the main living area, including four en-suite bedrooms, an office, kitchen, and the dining and living rooms.

Dispuesta alrededor de múltiples vistas del entorno, la casa se extiende en dos niveles, conectados por un espacio de doble altura. La planta inferior, que contiene el garaje, el cuarto de servicio, la lavandería y la sala de máquinas, es el nivel de entrada. El último piso comprende la sala de estar principal, incluyendo cuatro habitaciones con baño, una oficina, cocina, comedor y sala de estar.

Vilas-Boas has created a house that features a playful, contemporary design that both references traditional Portuguese styles and creates a dialogue with its surroundings. The structure is intrinsically linked to the client's personal memories - Casa AA is located a mere 200m away from the family home where the owner, a local entrepreneur, grew up.

Vilas-Boas ha creado una casa que presenta un diseño lúdico y contemporáneo que hace referencia a los estilos tradicionales portugueses y crea un diálogo con su entorno. La estructura está intrínsecamente vinculada a los recuerdos personales del cliente: la Casa AA se encuentra a solo 200 metros de distancia de la casa familiar donde creció el propietario, un empresario local.

The interior spaces are bright and spacious thanks to large glass planes looking out towards the different views. Timber is used throughout for the communal spaces, wet rooms are clad in stone, while carpet provides a softer touch in the bedrooms. As is typical in Portugal, white surfaces prevail across both the exterior and interiors.

Los espacios interiores son luminosos y espaciosos, gracias a las grandes cristaleras que miran hacia las diferentes vistas. La madera se utiliza en todos los espacios comunes, las áreas húmedas están revestidas de piedra, mientras que las alfombras proporcionan un toque suave en las habitaciones. Como es típico en Portugal, las superficies blancas prevalecen tanto en el exterior como en el interior.

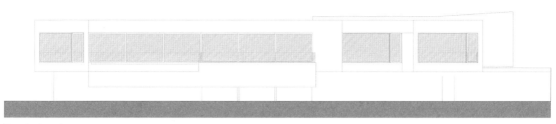

South elevation

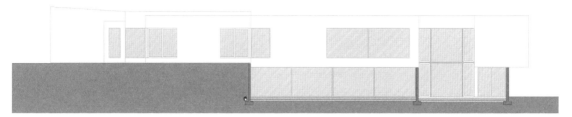

North elevation

West elevation

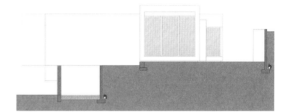

East elevation

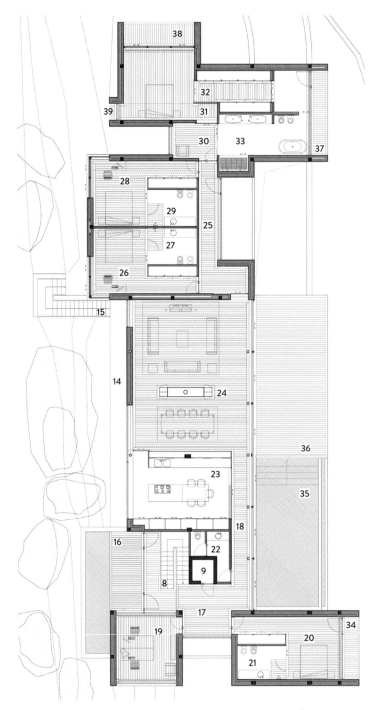

First floor plan

16. Outside porch
17. Hall dealer
18. Hallway feeds
19. Office
20. Bedroom suite I
21. Private bathroom I
22. Bathroom

23. Kitchen
24. Living room
25. Hallway
26. Bedroom suite II
27. Private bathroom II
28. Bedroom suite III
29. Private bathroom III

30. Bedroom room
31. Bedroom suite IV
32. Dressing room
33. Private bathroom IV
34. Balcony
35. Swimming pool
36-39. Balconies

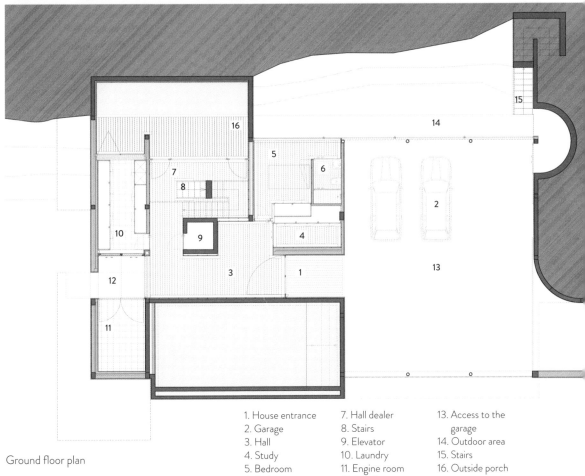

Ground floor plan

1. House entrance	7. Hall dealer	13. Access to the
2. Garage	8. Stairs	garage
3. Hall	9. Elevator	14. Outdoor area
4. Study	10. Laundry	15. Stairs
5. Bedroom	11. Engine room	16. Outside porch
6. Bathroom	12. Outdoor area	

LOFT IA

Joannon Arquitectos Asociados
60 m² | 646 sq ft
Caleta de Quintay, Región de Valparaíso, Chile

Photos © Ignacio Infante Cobo

On a sloping plot in a picturesque setting with views of the Pacific Ocean, this loft style house is designed as an intimate space to relax away from the city. It's a rectangular volume with a butterfly roof defining the two areas which make up the continuous space of the interior. The design for the exterior cladding prioritises privacy using a completely blind façade to access the plot and another façade to access the inside with certain openings. The building's other two façades have large windows to enjoy the views over the surrounding natural environment and the ocean and to create a sense of continuity between exterior and interior.

Situada en un terreno en pendiente enclavado en un entorno pintoresco con vistas al océano Pacífico, esta vivienda tipo loft se concibe como un espacio íntimo donde relajarse alejado de la gran ciudad. Se trata de un volumen de planta rectangular con una cubierta de dos vertientes que define los dos ambientes que conforman el espacio continuo del interior. El diseño de su envolvente prioriza la intimidad de sus ocupantes mediante una fachada de acceso a la parcela totalmente ciega y otra de acceso al interior dotada de aberturas puntuales. Las otras dos fachadas del edificio se abren con grandes ventanales que potencian las vistas sobre el entorno natural y el océano y generan una continuidad entre interior y exterior.

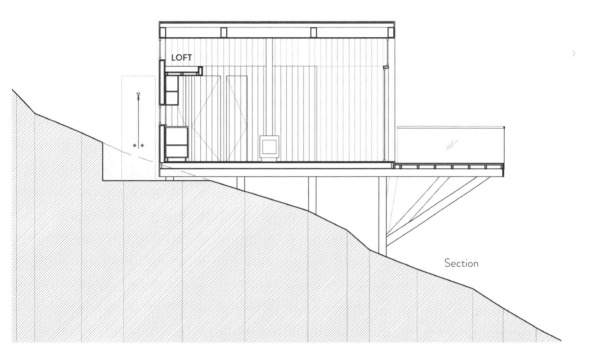

LOFT

Section

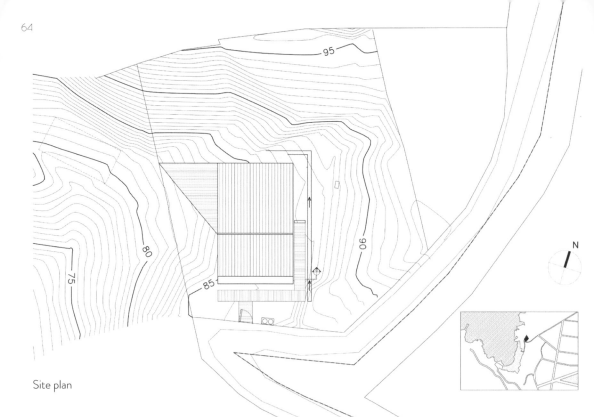

Site plan

The position of the building within the plot is respectful of the surrounding natural environment. The configuration of the façades protects the privacy of the interior from the busy walkway surrounding the house.

La posición del edificio dentro del terreno se muestra respetuosa con el entorno natural. La configuración de las fachadas preserva la privacidad del interior respecto del transitado camino peatonal que rodea la vivienda.

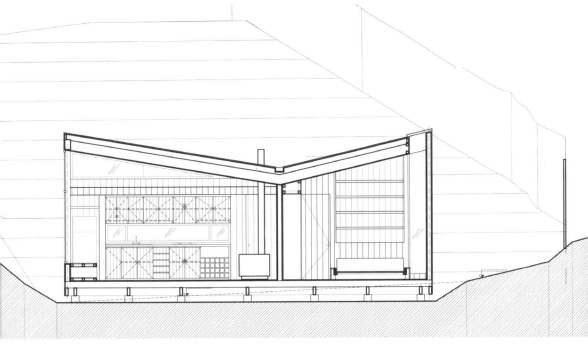

Section

The house opens out to the sea through large windows which take up the whole of the western façade. An overhanging triangular terrace extends the living-dining area towards the outside and becomes a viewing point over the cove.

La vivienda se abre hacia el mar gracias a los grandes ventanales que ocupan toda la fachada oeste. Una terraza de planta triangular en vuelo prolonga la zona del estar-comedor hacia el exterior y se convierte en un mirador sobre la caleta.

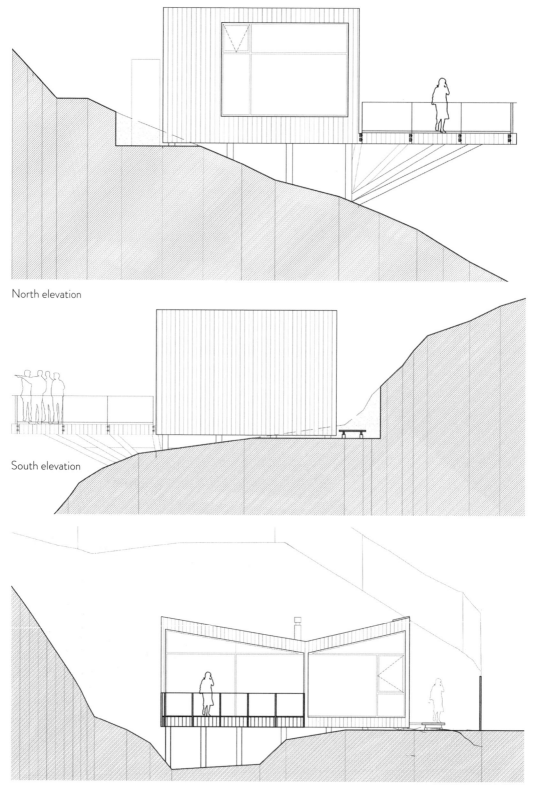

North elevation

South elevation

West elevation

The idea of a unique inner space is reinforced by the use of brushed pine walls. Above the kitchen there is a mezzanine for two people, accessible using movable stairs.

El revestimiento de todos los paramentos con madera de pino cepillada refuerza la idea del espacio único interior. Sobre la cocina se sitúa un altillo para dos personas, accesible mediante una escalera móvil.

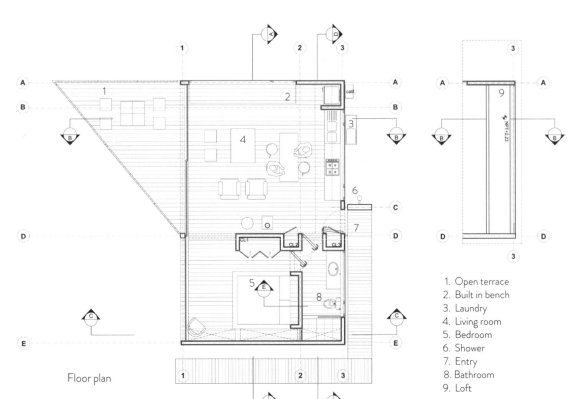

Floor plan

1. Open terrace
2. Built in bench
3. Laundry
4. Living room
5. Bedroom
6. Shower
7. Entry
8. Bathroom
9. Loft

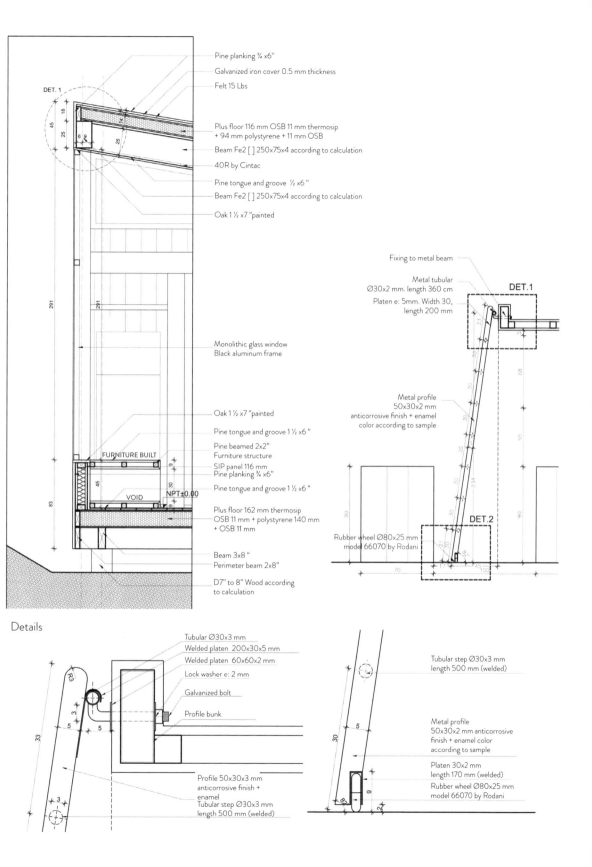

DET. 1

Pine planking ¾ x6"

Galvanized iron cover 0.5 mm thickness

Felt 15 Lbs

Plus floor 116 mm OSB 11 mm thermosip
+ 94 mm polystyrene + 11 mm OSB

Beam Fe2 [ ] 250x75x4 according to calculation

40R by Cintac

Pine tongue and groove ½ x6 "

Beam Fe2 [ ] 250x75x4 according to calculation

Oak 1 ½ x7 "painted

Monolithic glass window
Black aluminum frame

Oak 1 ½ x7 "painted

Pine tongue and groove 1 ½ x6 "

Pine beamed 2x2"
Furniture structure

SIP panel 116 mm
Pine planking ¾ x6"

Pine tongue and groove 1 ½ x6 "

Plus floor 162 mm thermosip
OSB 11 mm + polystyrene 140 mm
+ OSB 11 mm

Beam 3x8 "
Perimeter beam 2x8"

D7" to 8" Wood according
to calculation

FURNITURE BUILT

VOID   NPT±0.00

Fixing to metal beam

Metal tubular
Ø30x2 mm. length 360 cm

Platen e: 5mm. Width 30,
length 200 mm

DET.1

Metal profile
50x30x2 mm
anticorrosive finish + enamel
color according to sample

DET.2

Rubber wheel Ø80x25 mm
model 66070 by Rodani

Details

Tubular Ø30x3 mm

Welded platen 200x30x5 mm

Welded platen 60x60x2 mm

Lock washer e: 2 mm

Galvanized bolt

Profile bunk

Profile 50x30x3 mm
anticorrosive finish +
enamel
Tubular step Ø30x3 mm
length 500 mm (welded)

Tubular step Ø30x3 mm
length 500 mm (welded)

Metal profile
50x30x2 mm anticorrosive
finish + enamel color
according to sample

Platen 30x2 mm
length 170 mm (welded)

Rubber wheel Ø80x25 mm
model 66070 by Rodani

SUMMER HOUSE IN ALIVERI

Natalia Kokosalaki
110 m² | 1,184 sq ft
Aliveri, Greece

Photos © Dimitris Kleanthis

This house is defined by open-air living. The aim was to create an outdoor space which was as private as possible and an interior space open to the east and to the sea views. This makes the outer spaces — the swimming pool, barbecue and the garden— the driving force behind a compact, versatile and simple interior design.

The design concept is based on a monolithic exterior volume, with walls made from stone quarried from the plot itself, to provide protection against the weather and an interior with alcoves defining the different areas and offering 180° views of the sea.

La característica que define a esta casa es la vida al aire libre. El objetivo se centró en crear un espacio exterior lo más privado posible y un interior lo más abierto hacia este y hacia las vistas al mar. De este modo, los espacios exteriores —la piscina, la barbacoa y el jardín— son la fuerza impulsora para un diseño interior que es compacto, versátil y simple.

El concepto de diseño se basó en un volumen monolítico exterior, con paredes de piedra extraída del propio terreno, que proporciona protección frente a las condiciones climáticas, y que en su interior forma nichos que definen las diferentes estancias y ofrecen vistas de 180° hacia el mar.

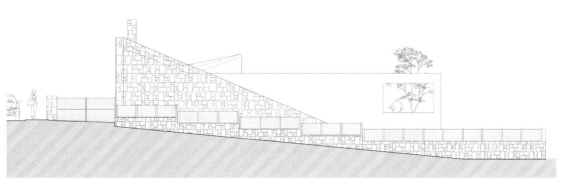

Elevations

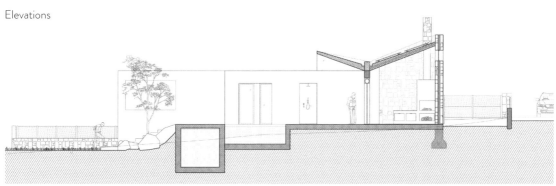

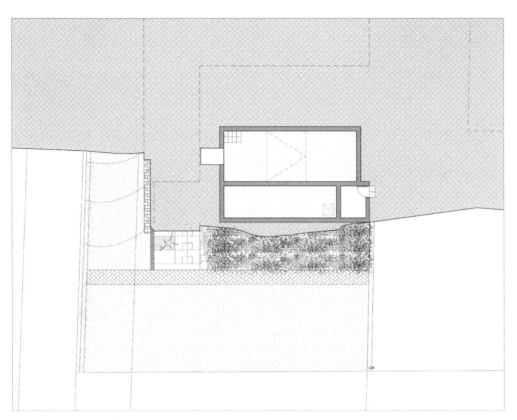

Site plan

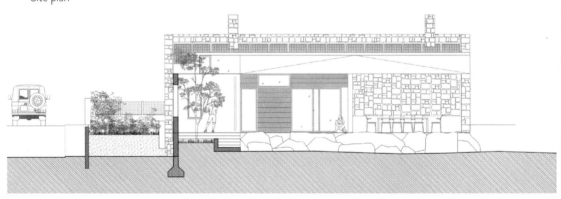

Elevations

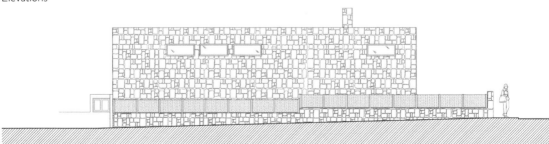

Respect for the environment is an essential part of this project. The design blends in perfectly with its surroundings and includes a solar powered roof and water collection tanks to significantly reduce the environmental footprint.

El respeto por el medio ambiente es una constante en este proyecto: su diseño se funde a la perfección con su entorno e incluye un tejado fotovoltaico y tanques colectores de agua que reducen significativamente la huella ambiental.

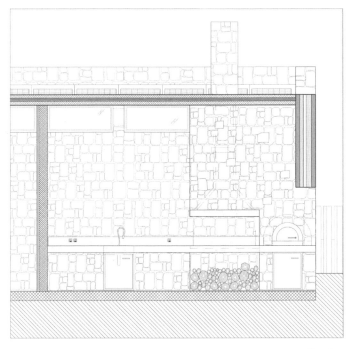

Section

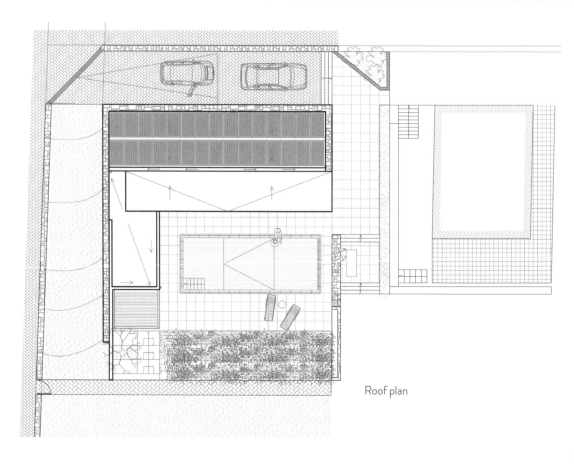

Roof plan

By using different materials with very varied textures, the house has interesting contrasts while maintaining colour harmony without being shrill.

A través del empleo de diferentes materiales con texturas muy diversas se han conseguido interesantes contrastes conservando una armonía cromática sin estridencias.

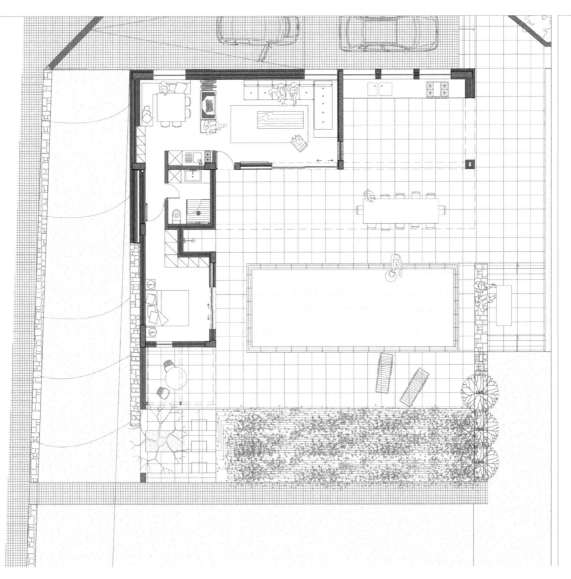

Floor plan

The main bedroom, a bathroom, kitchen, dining room and living room make up three quarters of the total area, the rest of the layout is left open to allow for new spaces to be added in the future.

El dormitorio principal, un cuarto de baño, cocina, comedor y sala de estar conforman tres cuartas partes del área total; el resto del plano queda abierto para poder incorporar nuevos espacios en un futuro.

LUNDNÄS HOUSE

Delin Arkitektkontor
70 m² | 753 sq ft
Hälsingland, Sweden

Photos © Patrick Johansson

This house sits on granite foundations on the site of a former ceramic stove factory as this was a prerequisite to be able to build in this location, right in front of the river. To fully enjoy its surroundings, the façade is glass on three sides, including the living room, kitchen and hallway, while the bedrooms and bathrooms are at the back, between walls made from bricks recovered from the site.

This house is a clear example of how a well-thought out construction which keeps nature and the region's history in mind can combine a contemporary aesthetic with functionality, low construction costs and a small ecological footprint.

Esta vivienda se levanta sobre los cimientos de granito de una antigua fábrica de estufas de cerámica, ya que este fue un prerrequisito para poder construir en el lugar donde se encuentra, justo frente al río. Para disfrutar plenamente de su entorno, la fachada es acristalada en tres de sus lados, que incluyen la sala de estar, la cocina y el pasillo, mientras que los dormitorios y cuarto de baño están ubicados en la parte trasera, entre paredes construidas con ladrillos recuperados del propio terreno.

Esta casa es el claro ejemplo de cómo una construcción bien pensada, teniendo en cuenta la naturaleza y la historia de la región, puede combinar una estética contemporánea, funcionalidad, reducidos costes de construcción y una baja huella ecológica.

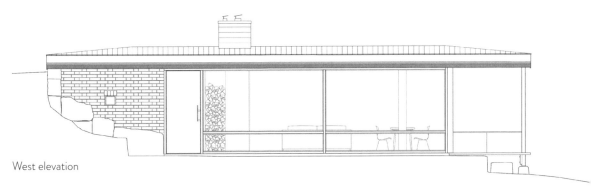

West elevation

25 M

Site plan

N

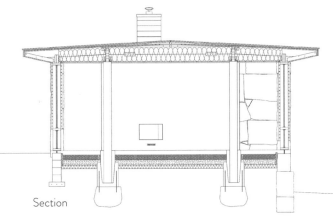

Section

The house is heated by a central fireplace around which air circulates, heating up and then pumped under the concrete tiles through a bed of clay balls, providing cheap, uniform heat.

La casa se calienta con una chimenea central alrededor de la cual circula aire, que se calienta para luego ser empujado a presión por debajo de la losa de hormigón a través de un lecho de bolitas de arcilla, proporcionando una fuente de calor uniforme y económica.

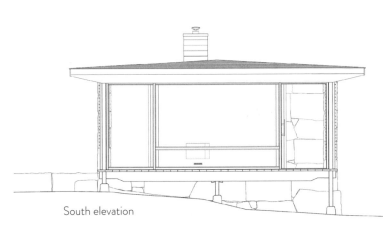

South elevation

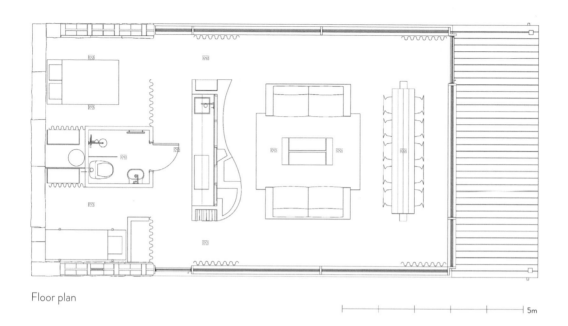

Floor plan

5m

The locally-made linen curtains can be repositioned to frame different parts of the landscape or close up the house for privacy when the occupants are away.

Las cortinas de lino, fabricadas localmente, se pueden mover para enmarcar diferentes partes del paisaje o para cerrar la casa por privacidad en periodos de ausencia.

VACATION COTTAGE IN BREKKUSKÓGUR

PK Arkitektar
103 m² | 1,109 sq ft
Brekkuskógur, Iceland

Photos © Rafael Pinho, Bjarni Kristinsson

The main aim of the design was to create a semi-rural style of architecture which blended in with its environment. The building is a wood construction on a concrete base with a roof covered in a layer of grass, a method used on traditional Icelandic houses. The architectural concept is based on a simple and efficient plan, limiting the space linking one area with another and minimising complex details. This makes it possible to use higher-quality materials and therefore minimise maintenance costs.

The entire project has been designed in accordance with ecological standards, to ensure the minimum possible environmental impact.

El principal foco del diseño fue crear una arquitectura semirural que se fundiera con su entorno. La vivienda es una construcción de madera que descansa sobre una base de cemento cuyo tejado está cubierto por una capa de césped, un método tradicional muy utilizado en las antiguas casas típicas islandesas. El concepto arquitectónico está basado en una solución de plano simple y eficiente, que limita el espacio de circulación y minimiza los detalles complejos. Esto ha echo posible utilizar materiales de mayor calidad, y minimizar así el coste de mantenimiento.

Todo el diseño se ha ideado siguiendo unos estándares ecológicos con el objetivo de causar el mínimo impacto medioambiental.

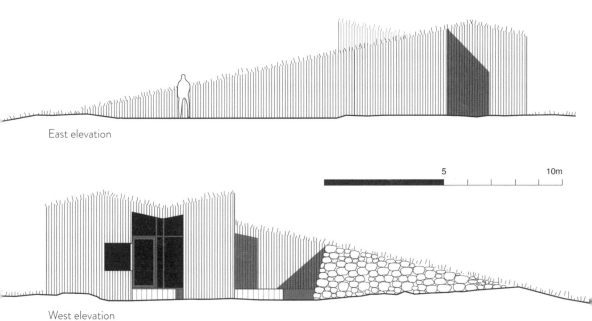

East elevation

5   10m

West elevation

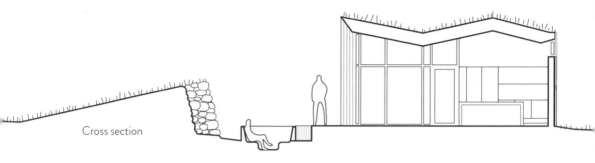

Cross section

Vegetation removed from the plot when work started was conserved and later replanted on the roof. This ensured the house was fully integrated into its surroundings.

La vegetación existente en la zona excavada se preservó durante el proceso de construcción para reinstalarse finalmente en el tejado. De este modo la integración de la vivienda con su entorno es absoluta.

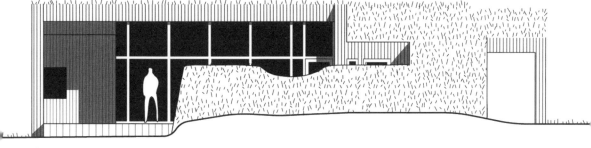

South elevation

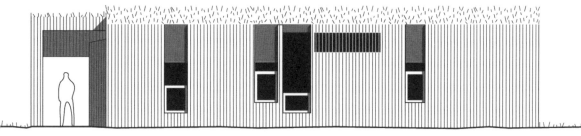

North elevation

The façade is lined with burned wood panelling, using the traditional Japanese Shou Sugi Ban method to improve the wood's durability and strength.

La fachada está revestida con un panelado de madera quemada utilizando un método tradicional japonés, Shou Sugi Ban, para aumentar su durabilidad y resistencia.

The living and dining areas are right in the heart of the house and open to the kitchen. The floor is polished concrete and the walls and ceiling are lined with wood panels, following the same pattern as the outer cladding.

La sala de estar y el comedor, ubicados en el corazón de la casa, quedan abiertos a la cocina. El suelo es de cemento pulido y las paredes y el techo están revestidos con paneles de madera siguiendo la disposición del revestimiento exterior.

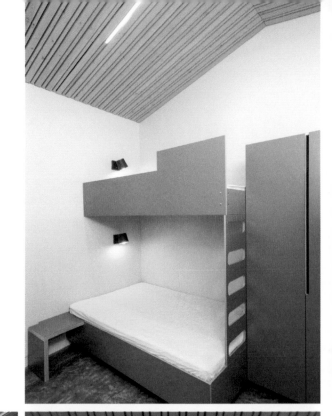

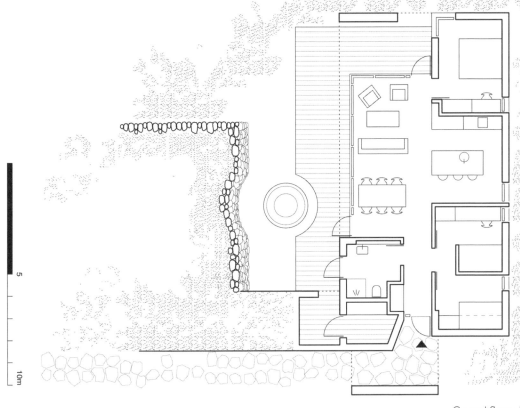

Ground floor plan

N

CABIN NORDERHOV

Atelier Oslo
75 m² | 807 sq ft
Hønefoss, Norway

Photos © Lars Petter Pettersen, Atelier Oslo

The setting, on a steep slope, provides incredible views over a lake. As the area is exposed to high winds, the house is organised around several open spaces to create more protection and receive the sun at different times of the day. The inside is configured as one continuous space. The curved walls and ceilings create continuous surfaces clad in birch plywood. The floor follows the terrain and divides the layout into several levels which define the different functional areas.

The fireplace is in the centre of the house, on the same level as the main entrance to ensure that the heat reaches all levels of the house.

La ubicación de esta casa, en una empinada ladera, proporciona increíbles vistas sobre un lago. Al ser una zona expuesta a fuertes vientos, la vivienda está organizada alrededor de varios espacios abiertos para quedar más protegida y recibir sol a diferentes horas del día. El interior esta configurado como un espacio continuo. Las paredes curvadas y los techos forman superficies continuas revestidas de madera contrachapada de abedul. El suelo sigue el terreno y divide el plano en varios niveles que sirven para definir las diferentes áreas funcionales.

La chimenea está situada en el centro de la casa, en el mismo nivel que la entrada principal; así desde cualquier nivel de la casa se puede disfrutar de su calor.

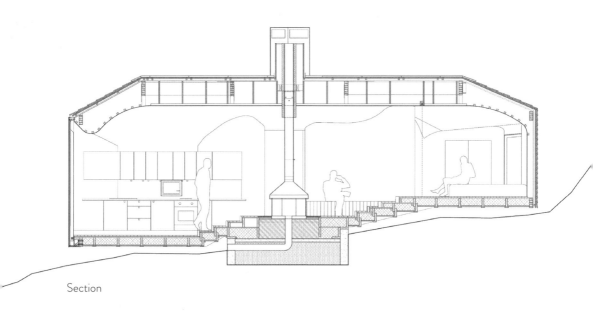

Section

The façade has a more rectangular geometry and the walls and roofs are covered in basalt tiles, following a similar pattern to that used on traditional Norwegian cladding.

La fachada tiene una geometría más rectangular, y las paredes y tejados están cubiertos de losas de basalto siguiendo un patrón similar al utilizado en los revestimientos tradicionales de Noruega.

The house is supported by bars inserted directly into the rock and a concrete base under the fireplace for stability. The construction mainly uses prefabricated elements.

La casa se sujeta por barras insertadas directamente en la roca y una base de cemento debajo de la chimenea para su estabilización. Para su construcción se han utilizado principalmente elementos prefabricados.

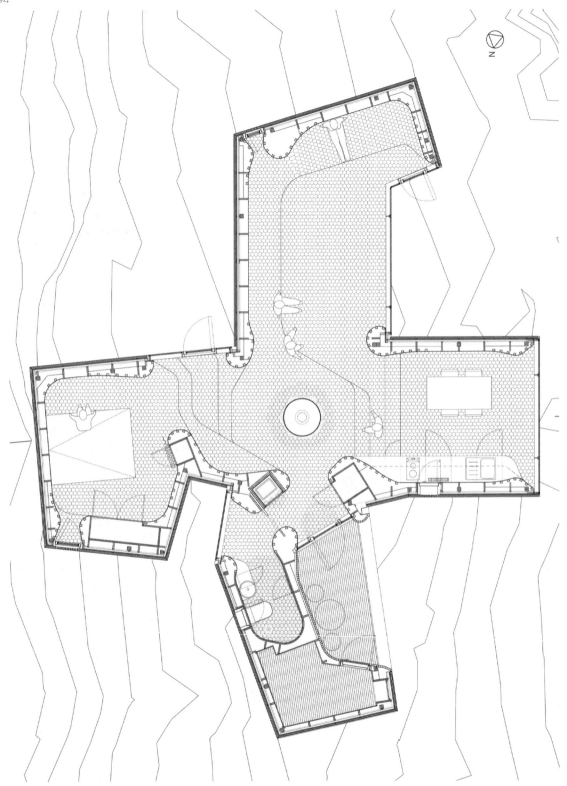

Floor plan

The transitions between the different levels form steps, creating different places to sit or lie down and enjoy the incredible views and the fireplace, giving the sensation of being outdoors.

Las transiciones entre los diferentes niveles forman escalones que crean diversos lugares para sentarse o tumbarse, mientras se disfruta de inmejorables vistas y de la chimenea, con la sensación de estar al aire libre.

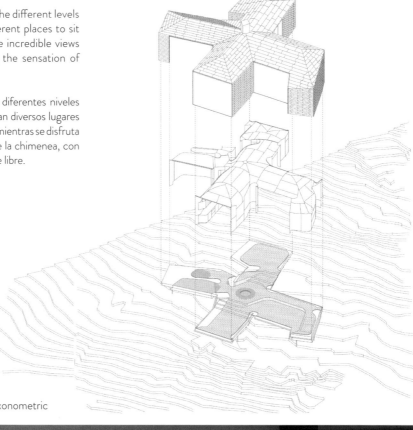

Exploded axonometric

DIVČIBARE MOUNTAIN HOME

Exe Studio
76 m² | 818 sq ft
Divčibare, Serbia

Photos © Relja Ivanić

On the side of a mountain in southern Serbia, this house comprises two enormous volumes, in light and dark. These forms fuse with the surrounding natural environment of small pine trees and a steep rocky slope.

On its southern flank, the white part of the house connects to the outside through a large window which acts as the link between the natural and the unnatural. It is lined with white tiles to emphasise the house's shape and the contrast with the landscape. The dark half is inspired by traditional mountain houses. The aim of this duality was to bring together the traditional and the contemporary to create a unique aesthetic and a structure which was in keeping with the surroundings.

En la ladera de una montaña, al sur de Serbia, se levanta esta singular vivienda compuesta por dos volúmenes monolíticos, claro y oscuro. Estas formas se fusionan con el entorno natural, una vegetación de pinos bajos y un terreno empinado rocoso.

En la parte sur, la parte blanca de la casa conecta con el exterior a través de una gran ventana que es la transición entre lo natural y lo artificial. Está revestida de baldosas blancas que enfatizan su forma y contrastan con el paisaje. La mitad oscura está inspirada en las antiguas casas de montaña. La intención de la dualidad de la vivienda fue la de unir lo tradicional y lo contemporáneo para crear una única estética y una estructura respetuosa con su entorno.

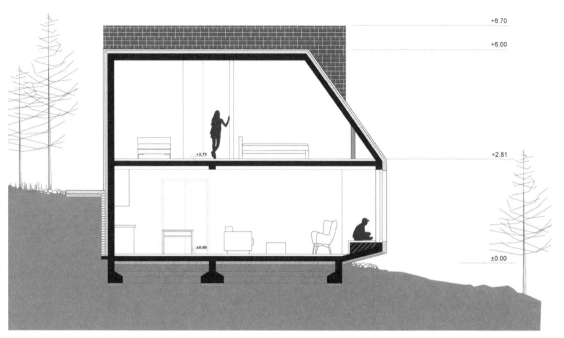

Section b-b

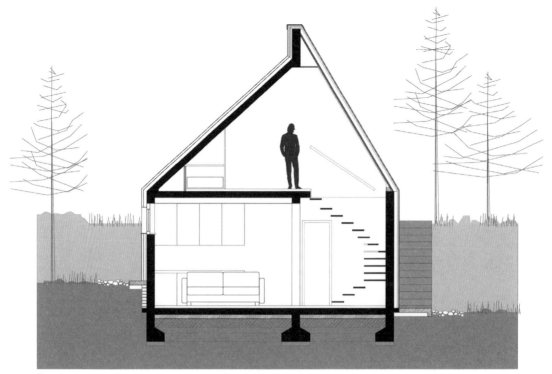

Section a-a

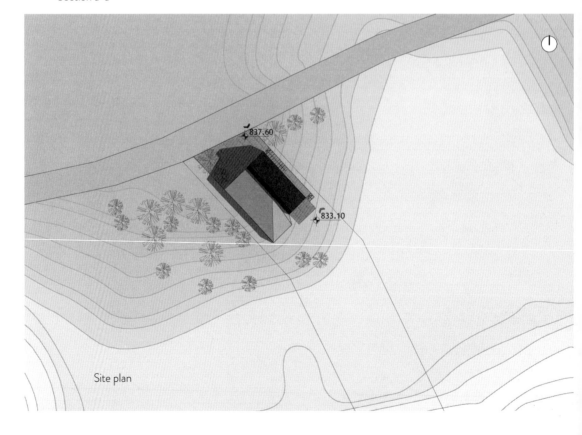

Site plan

The porch is bordered on one side by a white volume leaving a protected outside space. The structure is emphasised by the use of traditional wooden tiles as cladding.

El porche está limitado por un lado por el volumen blanco quedando un espacio exterior protegido. La estructura queda realzada a través del empleo de un revestimiento tradicional de tejas de madera.

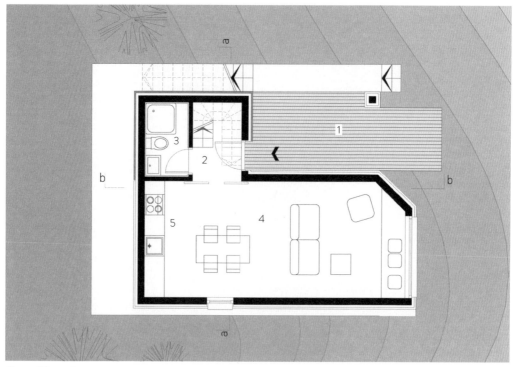

Ground floor plan

1. Porch
2. Entrance area
3. Bathroom
4. Living area
5. Kitchen
6. Bedroom area

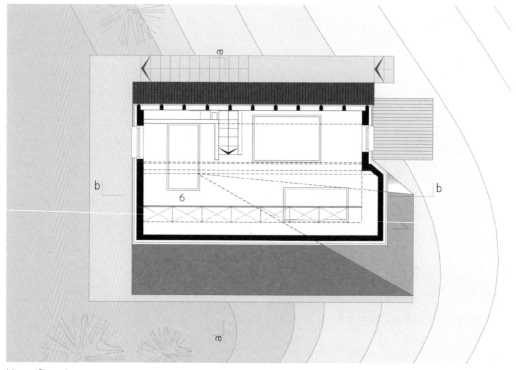

Upper floor plan

KARKALLA DUNES

Max Pritchard Gunner Architects
Principal architect: Max Pritchard - Project architect: Tess Pritchard
220 m² | 2368 sq ft
Adelaide, South Australia

Photos © Peter Barnes

A unique design was demanded for this beautiful site of sand dunes wedged between the sea and environmentally significant mallee scrub.

The solution minimises disturbance of the land with two rusty steel clad pavilions appearing to hover above the Karkalla dunes. An elevated open walkway spans over a gully linking the 2 structures.

The weathered pavilions, timber decking and black framing evoke images of ship wrecks or discarded machinery.

Large sliding doors and louvres allow coastal breezes to aid summer cooling and north facing double glazed window walls allow the sun to provide passive winter heating.

Se solicitó un diseño único para este hermoso lugar de dunas de arena emplazado entre el mar y unos matorrales *mallee* (típicos australianos) ambientalmente significativos.

La solución minimiza la alteración del terreno con dos pabellones revestidos de acero oxidado que parecen flotar sobre las dunas de Karkalla. Una pasarela elevada al aire libre se extiende sobre un barranco que une las 2 estructuras.

Los pabellones desgastados, las cubiertas de madera y los marcos negros evocan imágenes de naufragios o maquinaria desechada.

Las grandes puertas corredizas y las rejillas permiten que la brisa de la costa ayude a refrigerar la casa durante el verano, y las ventanas con doble acristalamiento orientadas al norte permiten que el sol proporcione calefacción pasiva en el invierno.

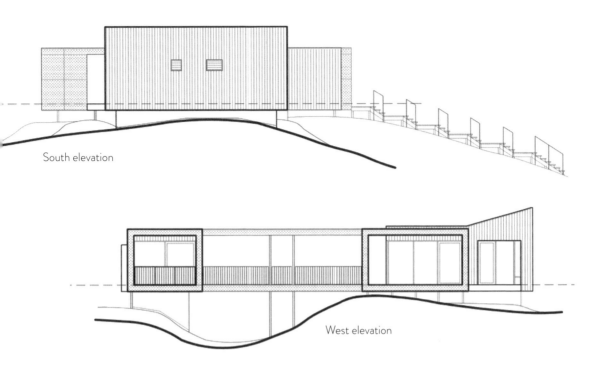

South elevation

West elevation

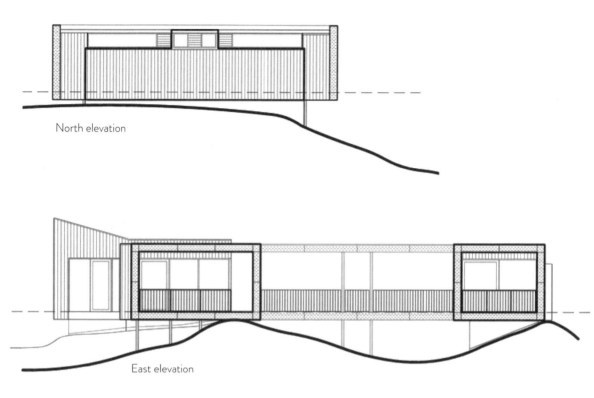

North elevation

East elevation

A section of roof is pitched to an efficient angle for the solar collectors which supply most of the house's power. Elevated terraces at each end of the living area are shaded by operable overhead louvres increasing further the ability to adapt to and experience changing climatic conditions -a living breathing structure.
Rainwater is collected and stored in tanks which integrate into the buildings and landscape.

Una sección del techo está inclinada hacia un ángulo eficiente para las placas solares, las cuales suministran la mayor parte de la energía a la casa. Las terrazas elevadas a cada extremo de la sala de estar se encuentran a la sombra gracias a las rejillas superiores, que aumentan aún más la capacidad de adaptarse a las condiciones climáticas cambiantes.
El agua de lluvia se recolecta y almacena en tanques que se integran en la casa y en el paisaje.

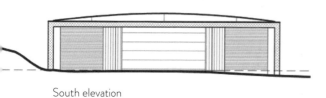

South elevation

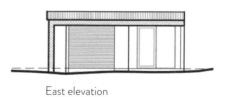

East elevation

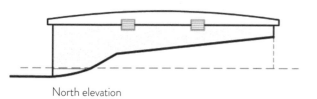

North elevation

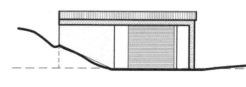

West elevation

Garage elevations

The owners are reinforcing their proven strong environmental credentials by propagating plant species indigenous to the area enabling complete rehabilitation of the site.

The interior of the house reflects the owners' interest in art and craft with handmade glass bowls, distinctively detailed cabinetwork, bespoke glass splashback, concrete bench tops and a black central cylindrical wood heater.

Los propietarios están reforzando sus fuertes credenciales medioambientales, mediante la plantación de especies autóctonas, permitiendo la rehabilitación completa del lugar.

El interior de la casa refleja el interés de los propietarios por el arte y la artesanía: cuencos de vidrio hechos a mano, ebanistería con detalles distintivos, salpicadero de vidrio a medida, encimeras de hormigón y un calentador de madera central negro y cilíndrico.

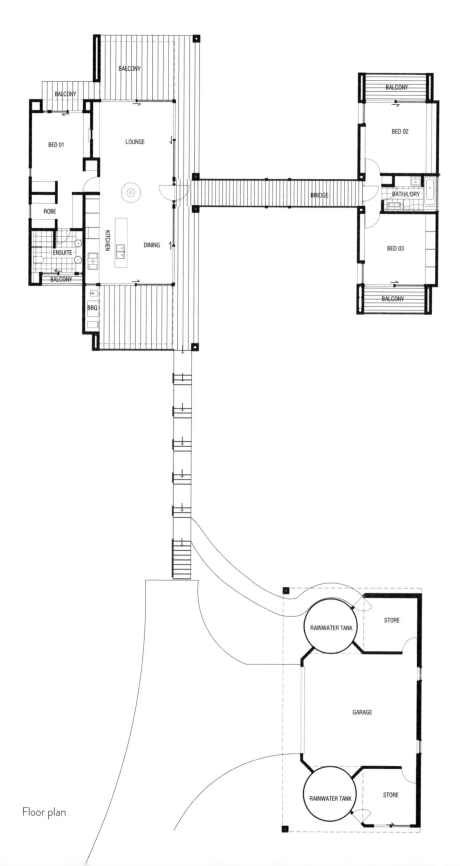

BALCONY

BALCONY

BALCONY

BED 01

BED 02

LOUNGE

ROBE

BRIDGE

BATH/L'DRY

ENSUITE

KITCHEN

DINING

BED 03

BALCONY

BALCONY

BBQ

RAINWATER TANK

STORE

GARAGE

RAINWATER TANK

STORE

Floor plan

LAÚNDOS HOUSE

Avelino Oliveira with Catarina Ferreira (coord.), Elina Briede, Gil Brito
Plot area: 1902 m² | 20472.96 sq ft
Implementation area: 191.60 m² | 2062 sq ft
Laúndos, Póvoa de Varzim, Portugal

Photos © João Morgado

A building of a single family dwelling "landed" on the slopes of the famous St. Felix hill. A unique piece that allows his inhabitants to enjoy the extensive view of the countryside.

This project is basically a volume that almost "floats", casted into the seacoast overwhelming landscape of Póvoa de Varzim. The high construction, emerges from the dense boskage and becames a space of "dreams" and simultaneously a 'nest " positioned on a delicate structure that is diluted in courtyards and glazed windows. The idea was to build a exquisite architectural object that would be integrated in the surrounding. A house that interacts with the premises being more than just a box standing in a terraced slope. The owners also wanted to have the design of a "dream home", an etherial space, dominating the landscape, but merged in the green of the surrounding trees.

Un edificio de vivienda unifamiliar "aterrizó" en las laderas de la famosa colina de San Félix. Una pieza única que permite a sus habitantes disfrutar de la amplia vista del campo.

Este proyecto es básicamente un volumen que prácticamente "flota", fundido en el abrumador paisaje costero de Póvoa de Varzim. La elevada construcción emerge del denso boscaje y se convierte en un espacio de "sueños" y, al mismo tiempo, en un "nido" situado en una delicada estructura que se diluye en patios y ventanas acristaladas. La idea era construir un exquisito objeto arquitectónico que se integrase en el entorno. Una casa que interactúa con el entorno es mucho más que simplemente una caja colocada en una pendiente adosada. Los propietarios también querían tener el diseño de la "casa de sus sueños"; un espacio etéreo que domina el paisaje pero que se fusiona con el verde de los árboles que hay alrededor.

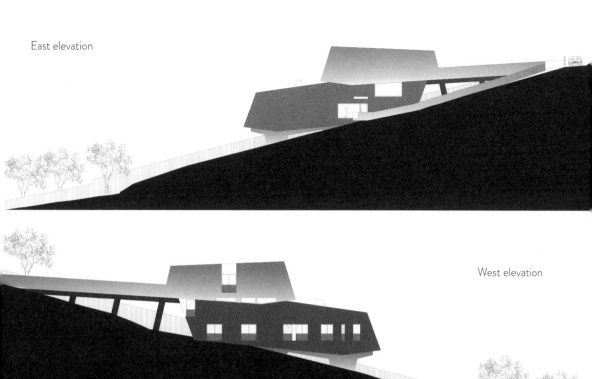

East elevation

West elevation

"So, the project realized the idea of us (and them) in front of a glassed large window, seeing the beach and the sea on the horizon, watching the sunrise or the sunset". That is why the house "flew" and became suspended in the hill. The rest of the story is just design: simple spaces, flooded with different sun light, according to season and daily changes - sometimes east, sometimes west. The balconies and the terrace complements the interior space on the sothern façade.

"Entonces, el proyecto hizo realidad la idea de nosotros (y ellos) frente a una gran ventana acristalada, viendo la playa y el mar en el horizonte, viendo el amanecer o la puesta de sol". Por eso es por lo que la casa "voló" y se quedó suspendida en la colina. El resto de la historia es solo diseño: espacios simples, inundados con diferente luz solar, según la estación y los cambios diarios; a veces al este, a veces al oeste. Los balcones y la terraza complementan el espacio interior en la fachada sur.

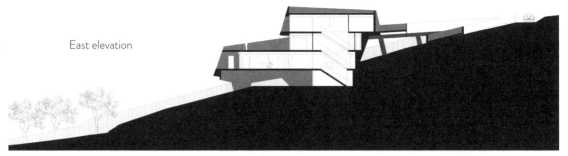

East elevation

The outdoor spaces were integrated into the volume of the house to avoid dematerialization of the volume and awkward annexed structures. So the house absorbed this tectonic and voluptuous form, defined by sharp edges and imponent presence and yet with dynamic character.

Los espacios al aire libre se integraron en el volumen de la casa para evitar la desmaterialización del volumen y las estructuras anexas incómodas. De esta manera, la casa absorbió esta forma tectónica y voluptuosa, definida por bordes afilados y una presencia imponente y, sin embargo, con carácter dinámico.

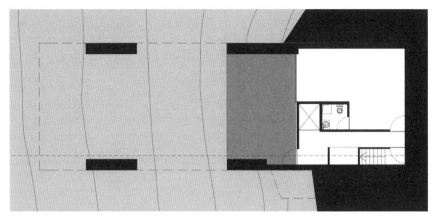

Basement plan

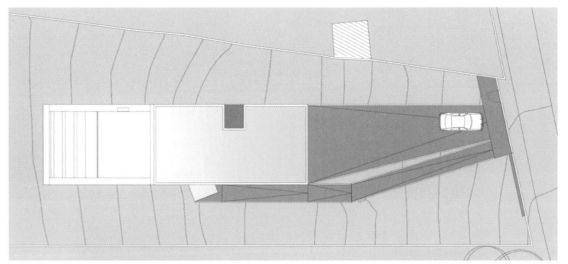

Roof plan

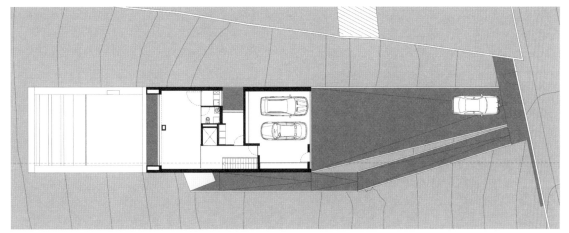

Floor 1

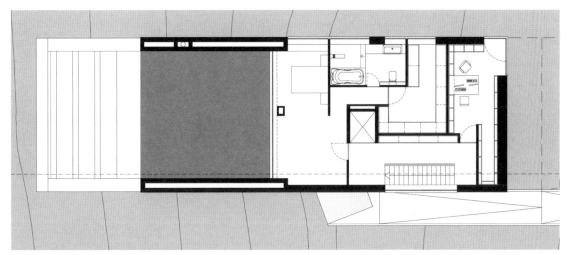

Floor 0

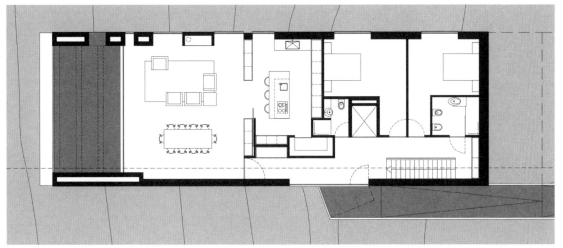

Floor -1

KONIECZNY'S ARK

KWK Promes
99.5 m² | 1,071 sq ft
Brenna, Poland

Photos © Olo Studio

The driving force behind this house is the search for the best panoramic views of the stunning surrounding countryside. The design is for a one-storey house, reminiscent of traditional barns and offering the same view from all points in the house.

The rural location presented a security problem. The house was "twisted" so that only one side of the structure was touching the ground and the rest was suspended in the air. With this solution, part of the ground floor, including the bedrooms, was lifted up to the height of a first floor.

The location of the house on a steep slope could have produced a risk of slippage. To limit movement of the subsoil, the house was treated as a bridge where the rainwater flows naturally.

El argumento de esta vivienda es la búsqueda de las mejores panorámicas del impresionante paisaje que la rodea. Se desarrolló una casa de una planta, cuya forma recuerda a los antiguos graneros, que ofrece la misma vista desde cualquier punto de su interior.

Al estar en medio de la naturaleza se planteó un problema de seguridad. Se "torció" la casa de tal modo que solo un lado de la estructura toca el suelo y el resto queda suspendido. Con esta solución, parte de la planta baja, donde se encuentran los dormitorios, queda como elevada al nivel de un primer piso.

La ubicación de la casa en una empinada pendiente podría comportar un riesgo de deslizamiento. Para limitar el movimiento del subsuelo se trató la casa como un puente bajo el cual el agua de la lluvia fluye con naturalidad.

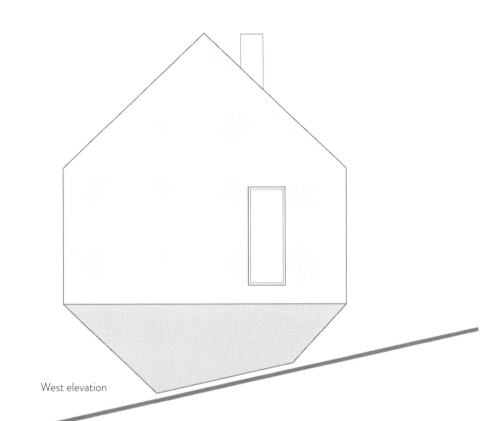

West elevation

The origami façade of the house has not prevented the construction system from being cheap and simple: a concrete wall made by a local builder functions as both structure and finish and is completed by foam insulation placed inside and a vapour barrier.

La geometría facetada de la casa no ha sido óbice para que el sistema constructivo sea sencillo y barato: un muro de hormigón hecho por un obrero local funciona a la vez como estructura y acabado, y se completa con un aislamiento de foam colocado en el interior, y con una barrera de vapor.

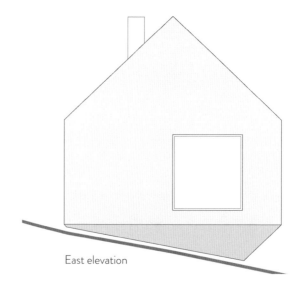

East elevation

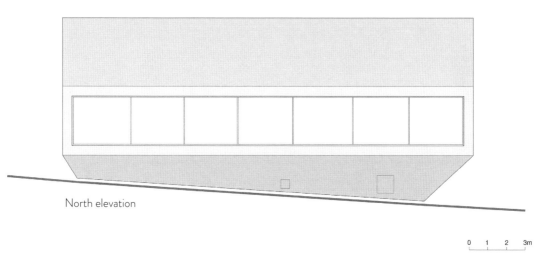

North elevation

0   1   2   3m

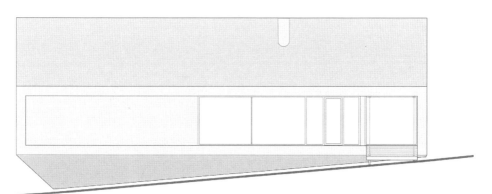

South elevation

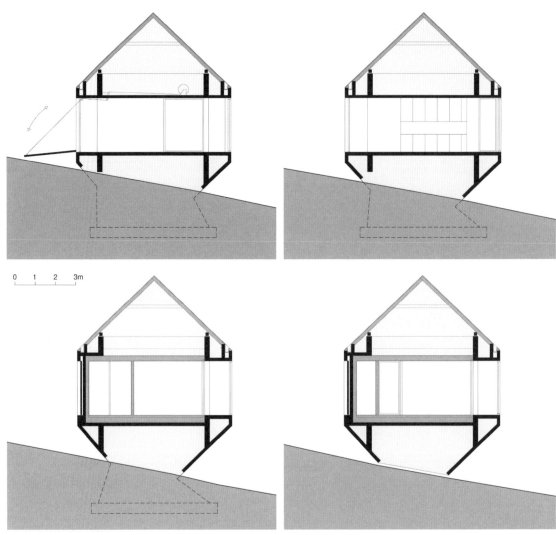

0   1   2   3m

Sections

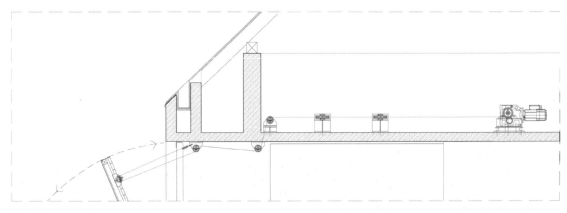

Detail

To provide rigidity, the walls were tensed by the "inverted" levels of the roof lifted slightly off the ground. The slope increased the feeling of security.

Para darle rigidez al edificio las paredes fueron tensadas por los planos del tejado "invertido" ligeramente elevado del suelo. Su inclinación incrementó la sensación de seguridad.

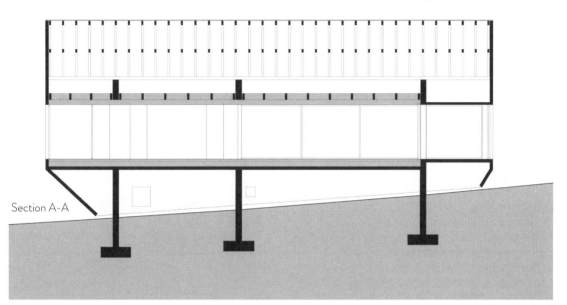

Section A-A

0   1   2   3m

Given that the house has large glazed areas, it was decided to close the side of the house where the entrance is located, using a ten metre wall and a drawbridge to combine the function of stairs and shutter.

Debido a que toda la casa tiene grandes aberturas acristaladas, se decidió cerrar el lado donde está la entrada por medio de una pared de diez metros y un puente levadizo, que combina la función de escaleras y contraventana.

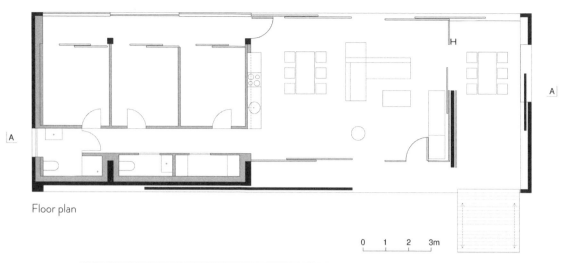

Floor plan

0   1   2   3m

SLÄVIK HOUSE

Fahlander Arkitekter AB
90 + 28 m² | 969 + 301 sq ft
Lysekil, Sweden

Photos © Åke E:son Lindman

This summer house faces two fjords on the north east coast of Sweden with its principal attractions being the sea and the surrounding natural environment. Located in one of the highest points in the area, the house looms over the ground, almost without touching, as if it were floating over the rocks.

The design is defined by the contrast between the often harsh climate and the easy life in summer; a wooden structure covered with a mineral façade which needs no maintenance, in the same grey tones as the rocks. Painted sections are white, following the tradition on the west coast. The rounded design of the roofs is inspired by the surrounding rocks.

Next door is a small house with a sauna and guest room.

Esta vivienda de verano está ubicada entre dos fiordos en la costa noreste sueca; el mar y la naturaleza que la rodea son sus principales atractivos. Ubicada en uno de los puntos más altos de la zona, la casa se cierne por encima del suelo, sin apenas tocarlo, como si flotase sobre las rocas.

El contraste con el a veces áspero clima y la vida fácil de verano definen su diseño: una estructura de madera cubierta por una fachada mineral —que no necesita mantenimiento— en la misma tonalidad gris que las rocas. Las partes pintadas son blancas siguiendo la tradición de la costa oeste. El diseño redondeado de los tejados deriva de la forma de las rocas que la rodean.

Junto a esta, una pequeña casita que alberga una sauna y una habitación de invitados.

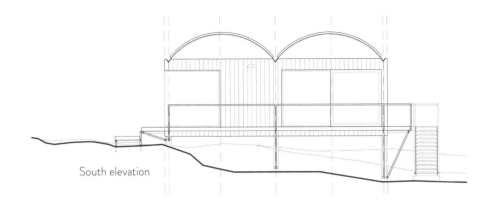

South elevation

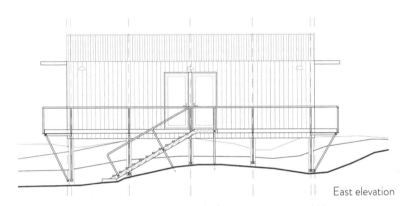

East elevation

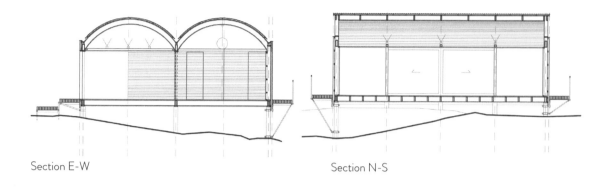

Section E-W

Section N-S

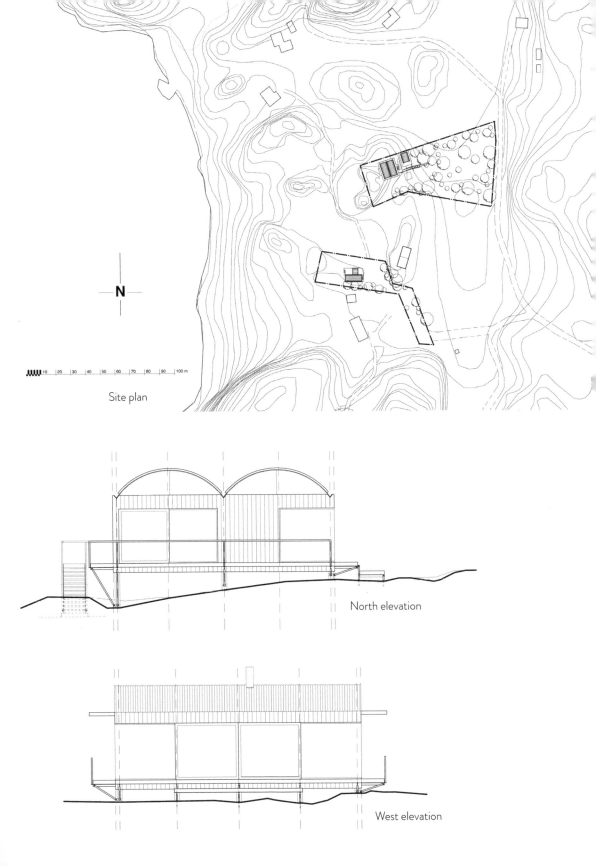

Site plan

JUUU 10 |20 |30 |40 |50 |60 |70 |80 |90 |100 m

North elevation

West elevation

The front of the house includes the living room, dining room and kitchen, which enjoy wonderful sea views, while at the back of the house we find the entrance, bedrooms and bathrooms.

La parte frontal de la vivienda alberga la zona de estar, comedor y cocina, desde donde disfrutar de las maravillosas vistas al océano, mientras que en la parte trasera se encuentran la entrada, dormitorios y cuartos de baño.

The interior is completely lined with untreated fir. When the sun from the west hits the interior walls, the house becomes a beacon of light from the ocean.

El interior de la vivienda está completamente cubierto con madera de abeto sin tratar. Cuando las paredes interiores reciben el sol del oeste, la casa se convierte en un punto de atención desde el océano.

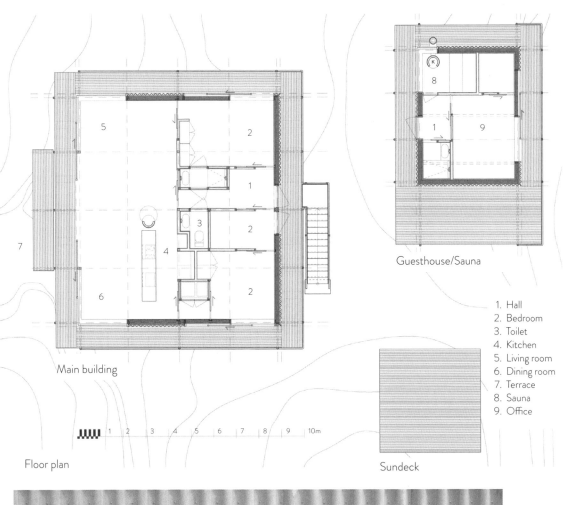

5
2
1
7
3
2
4
6
2

Main building

JIJUI 1 2 3 4 5 6 7 8 9 10m

Floor plan

8

1
9

Guesthouse/Sauna

Sundeck

1. Hall
2. Bedroom
3. Toilet
4. Kitchen
5. Living room
6. Dining room
7. Terrace
8. Sauna
9. Office

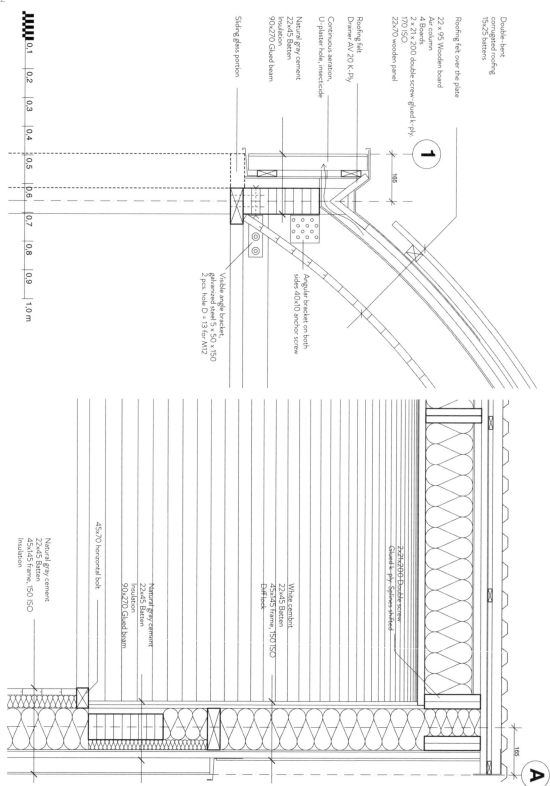

Double-bent
corrugated roofing
15x25 battens

Roofing felt over the plate

22 × 95 Wooden board
Air column
4 Boards
2 × 21 × 200 double screw-glued k-ply.
170 ISO.
22x70 wooden panel

Roofing felt
Drainer AV 20 K-Ply

Continuous aeration,
U-plaster hole, insecticide

Natural gray cement
22x45 Batten
Insulation
90x270 Glued beam

Sliding glass portion

Visible angle bracket,
galvanized steel 5 × 50 × 150
2 pcs. hole D = 13 for M12

Angular bracket on both
sides 40x10 anchor screw

0.1 0.2 0.3 0.4 0.5 0.6 0.7 0.8 0.9 1.0 m

1

165

45x70 horizontal bolt

Natural gray cement
22x45 Batten
Insulation
90x270 Glued beam

White cembrit
22x45 Batten
45x145 Frame, 150 ISO
Difflock

2x2h200 Double screw
Glued-k-ply, Splines shifted

Natural gray cement
22x45 Batten
45x145 frame, 150 ISO
Insulation

165

A

Wall details

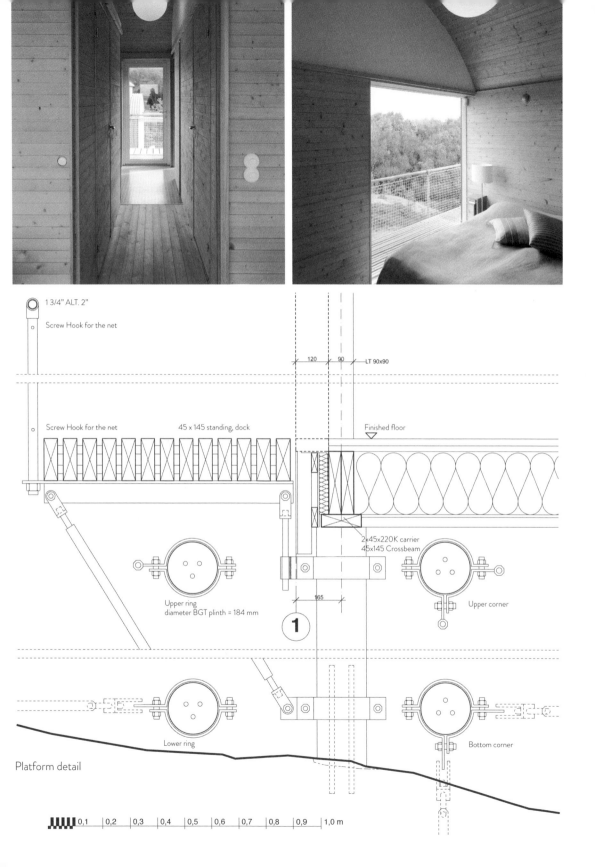

1 3/4" ALT. 2"

Screw Hook for the net

120   90   LT 90x90

Screw Hook for the net   45 x 145 standing, dock   Finished floor

2x45x220K carrier
45x145 Crossbeam

Upper ring
diameter BGT plinth = 184 mm   165   Upper corner

1

Lower ring   Bottom corner

Platform detail

0,1   0,2   0,3   0,4   0,5   0,6   0,7   0,8   0,9   1,0 m

HOUSE NAIR

Hurst Song Architekten
120 m² | 1,292 sq ft
Morissen, Switzerland

Photos © Hurst Song Architekten

This house perches on a steep slope in an Alpine valley. From the front we can see three storeys, and at the back the top storey is at ground level. The front and back façades with large windows contrast with the completely closed sides.
Both the design, structure and materials are reminiscent of the traditional wooden barns dotted across the valleys. Constructed largely in exposed concrete, the roof structure and the façade are covered with a layer of wood treated with linseed oil to give a dark colour which will blend in with the surrounding environment.

Esta casa se asienta sobre una empinada pendiente en un valle rural alpino. De frente muestra tres plantas, mientras que en la parte posterior el piso más alto está al nivel del terreno. Las fachadas frontal y trasera, con grandes ventanales, contrastan con las laterales, completamente cerradas.
Tanto el diseño de su estructura como los materiales empleados recuerdan a los tradicionales graneros de madera diseminados por el valle. Construida en su mayoría en cemento visto, la estructura del tejado y la fachada están envueltas en una capa de madera tratada con una pintura de aceite de linaza, que le proporciona una tonalidad oscura que se funde armoniosamente con su entorno.

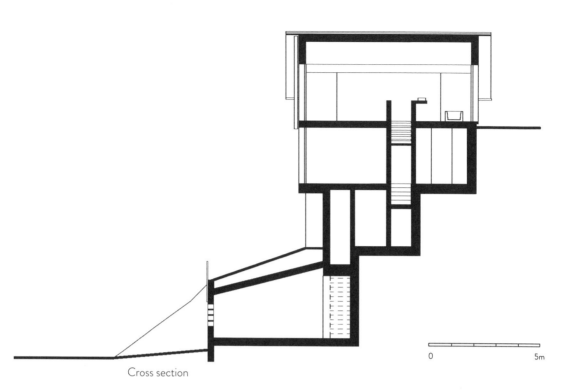

Cross section

At the back of the house, where the living room is below ground level, diagonal cuts have been designed in the ceiling to let light in, which also produces interesting spatial configurations.

En la parte trasera, donde la sala de estar queda bajo el nivel del suelo, se diseñaron unos cortes diagonales en el techo para conseguir la entrada de luz natural, produciendo además inte-resantes configuraciones espaciales.

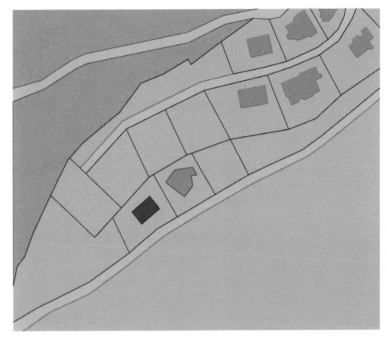

Site plan

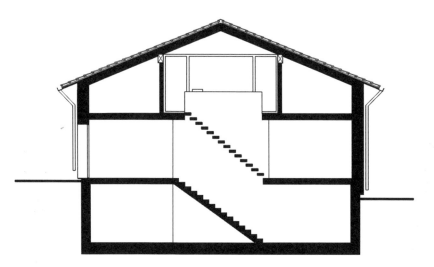

Longitudinal section

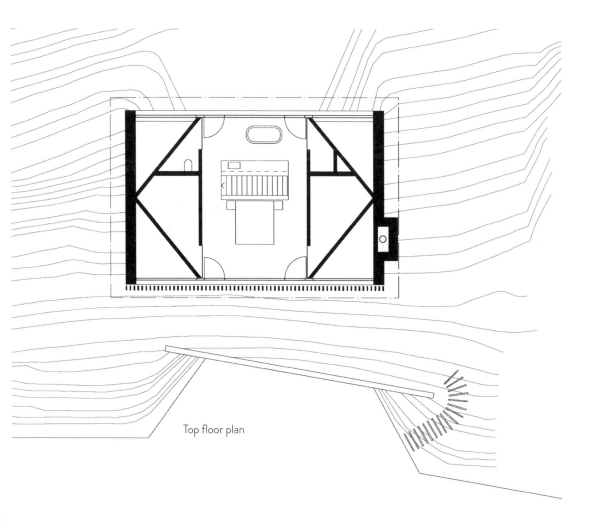

Top floor plan

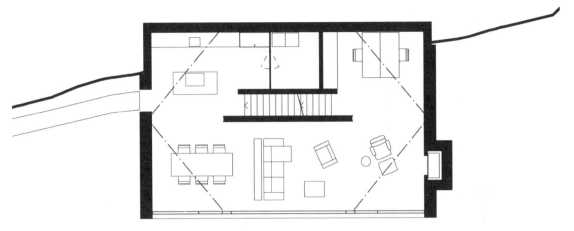

Upper floor plan

The upper storey under the roof houses the main bedroom and an ensuite bathroom with large windows to enjoy the views. The staircase separates the two areas without the need for physical partitions.

La planta superior, bajo el tejado, alberga el dormitorio principal y un cuarto de baño integrado con grandes ventanales para disfrutar de las vistas. La escalera separa las dos zonas sin necesidad de particiones físicas.

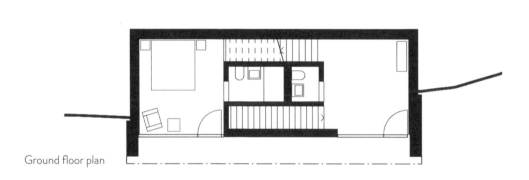

Ground floor plan

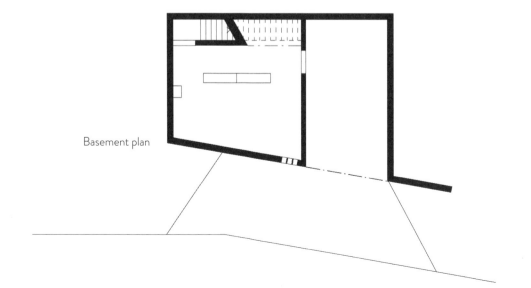

Basement plan

N

🏁 10 │20 │30 │40 │50 │60 │70 │80 │90 │100 m